# みんなで考える
# 図書館の地震対策
Earthquake Disaster Management in Libraries: Knowledge Sharing for Less Damage
―― 減災へつなぐ

『みんなで考える図書館の地震対策』編集チーム●編

日本図書館協会

Earthquake Disaster Management in Libraries:
Knowledge Sharing for Less Damage

みんなで考える図書館の地震対策 ： 減災へつなぐ ／ 『みんなで考える図書館の地震対策』編集チーム編. － 東京 ： 日本図書館協会, 2012. － 127p ； 21cm. － ISBN978-4-8204-1206-9

t1. ミンナ　デ　カンガエル　トショカン　ノ　ジシン　タイサク
a1. ミンナ　デ　カンガエル　トショカン　ノ　ジシン　タイサク　ヘンシュウ　チーム
s1. 地震災害　s2. 災害予防　s3. 図書館経営　①013

# はじめに

◆
◆
◆

　2011年3月11日に起こった東日本大震災は，日本国中を震撼させました。かつて経験したことのない大規模な津波により多くの人命が，そして築き上げてきた家屋や財産も失われました。沿岸部の図書館ではすべてが流失したところや，職員が亡くなるという大きな被害を受けました。

　日本図書館協会ではただちに東日本大震災対策委員会を組織し，「Help-Toshokan」として，被災地域の図書館への支援活動を立ち上げ，義援金募集，避難所への資料提供と読み聞かせ，公衆送信を使ったデジタル情報の提供を可能にする方策，被災資料の修復などの活動を進めてきました。その中で，今後への備えとして，各図書館における地震についての日頃からの対策をまとめた出版物の必要性が認識されました。

　当協会では，2005年に『こんなときどうするの？　図書館での危機安全管理マニュアル作成の手引き』を出版し，好評を得てきましたが，内容の改訂が必要と考えられていた矢先の今回の震災でした。さらに，近い将来かなり高い確率で大地震が発生するという予測もされています。そこで，同書全体の改訂に先立って，地震対策をめぐる部分について問題提起するものを緊急出版しようと企画されたのが本書です。

　震災の被害を受けた図書館，電力不足に伴う対応を求められた図書館などから，この企画のために集まった若い図書館員が，話し合いながら練り上げた図書館の地震対策のポイントが，本書にはつまっています。

　危機管理の要は，「備えあれば，憂いなし」です。地震により受ける影響は，図書館がおかれた地域によってさまざまです。標題が示すように，「みんなで考えよう」とするためのノウハウやアイディア，ヒントを提示することを主眼として作成されています。みなさんの図書館でも「自分の図書館の地震対策」をそれぞれに考え，マニュアルを作る際の参考に，ぜひご活用ください。

2012年3月

社団法人　日本図書館協会　理事長
塩見　昇

# 目次

はじめに ............................................................................................. 3

## I　みんなで考える　　　　　　　　　　　　　　　　　　　　9

### 『地震対応マニュアル』を創る ............................................ 11
- 準備1　地震が来る前に準備することは何ですか？ ........................... 14
- 準備2　図書館の周りを知ろう（図書館防災マップの作成）........... 15
- 準備3　図書館内で安全な所はどこですか？ ..................................... 16
- 準備4　図書館内で危険な場所はどこですか？ ................................. 17
- 準備5　図書館の建物について理解します ......................................... 18
- 準備6　地震に伴い図書館の周囲や地域で起きる災害の可能性 ........ 20

## II　地震に備える　　　　　　　　　　　　　　　　　　　　21

### ① 人を守るために ...................................................................... 22
- **1** マニュアルの整備 ................................................................. 22
  - COLUMN◆やはり訓練が必要 ............................................ 23
- **2** 一人ひとりの備えと心がけ ................................................. 24
  - COLUMN◆3.11の東京ディズニーランドの対応例 ............ 27
  - COLUMN◆指示に対する過信は危険 ................................. 28
- **3** 利用者に向けて .................................................................... 29
  - 参考◆さまざまな防災訓練の形式 ...................................... 30
- **4** 情報の収集と提供 ................................................................. 31

5 他の組織とともに ………………………………………………… 32
　　　6 用意しておきたい道具 …………………………………………… 34
② 建物や設備を守るために ………………………………………………… 38
　　　1 トラブルへの対処 ………………………………………………… 38
　　　2 被害にあったときのために ……………………………………… 39
　　　3 チェックすること ………………………………………………… 39
　　　4 被害の防止，軽減 ………………………………………………… 40
③ 資料を守るために ………………………………………………………… 42
　　　1 組織の備え ………………………………………………………… 42
　　　2 整理・保存・保管 ………………………………………………… 42
　　　3 分散保存 …………………………………………………………… 44
　　　4 研修 ………………………………………………………………… 44
　　　5 災害ネットワークの構築 ………………………………………… 45

## Ⅲ　地震発生　47

① 人を守るために …………………………………………………………… 48
　　【図書館外に避難するときの注意】 ………………………………… 50
　　　　COLUMN◆災害時の利用者への声かけについて ……………… 51
　　　　参考◆運転中にぐらっと来たら？ 車での避難は安全？（東日本大震災を例に）…… 52
② 建物や設備を守るために ………………………………………………… 54
③ 資料を守るために ………………………………………………………… 55
　　　　COLUMN◆割れた蛍光管の扱い ………………………………… 56

④ 停電時の対応について ……………………………………… 57

　　【停電時の対応例】……………………………………………… 58

　　【計画停電時の対応】…………………………………………… 59

　　　　COLUMN◆電気器具に注意 ……………………………… 60

## Ⅳ 地震後の行動 …………………………………………… 61

① 人を守るために ……………………………………………… 62

　　　　COLUMN◆情報提供に注意 ……………………………… 63

　　　　参考◆館内で倒れている人, ケガ人が発生したときの対応例 …… 65

　　　　COLUMN◆対処法を正しく理解しよう！ ……………… 67

② 建物や設備を守るために …………………………………… 68

③ 資料を守るために …………………………………………… 69

④ 記録を残す …………………………………………………… 71

⑤ 原子力発電所の事故を考える ……………………………… 72

⑥ 被災者・避難者の受け入れ ………………………………… 72

⑦ 被災地支援のあり方 ── 図書館にできること ………… 74

　　❶ 一般的な支援 ── 物資を送るとき …………………… 74

　　❷ 本による支援 ── 本が支援物資となるために, 本を支援物資とするために …… 75

　　❸ 被災地の図書館への支援例 ……………………………… 78

⑧ 事例紹介：各館の地震発生から今まで …………………… 82

　　❶ 被災地：**東松島市図書館**（宮城県）●加藤孔敬 ……… 82

　　❷ 被災地：**浦安市立図書館**（千葉県）●宮原みゆき …… 86

- ③ 郊外の図書館：**調布市立図書館**（東京都）●戸張裕介 ……………… 88
- ④ 都市部の大学図書館：**工学院大学図書館**（東京都）●石川敬史 ……… 91
- ⑤ 都市部の公共図書館：**文京区立真砂中央図書館**（東京都）●倉持正雄 … 94
- ⑥ 被災市民受入：**草津町立図書館**（群馬県）●中沢孝之 ……………… 96

## Ⅴ　参考資料　99

| 参考1 ◆ | 図書館の事業継続計画（BCP）をつくろう ●松岡 要 ……… 100 |
| --- | --- |
| 参考2 ◆ | 災害コーディネーターの役割 …………………………………… 104 |
| 参考3 ◆ | 都市型大学の防災訓練の事例 —— 工学院大学の場合 ……… 107 |
| 参考4 ◆ | チェックリスト ……………………………………………………… 110 |
|  | ① 事前の備え ……………………………………………………… 110 |
|  | ② 地震発生直後〜3日後 ………………………………………… 112 |
|  | ③ 停電時，臨時休館・サービス一部制限時 …………………… 113 |

参考文献 ……………………………………………………………………… 115
参考サイト …………………………………………………………………… 118

あとがき ……………………………………………………………………… 122
索引 …………………………………………………………………………… 123
経過報告 ……………………………………………………………………… 127

# I みんなで考える

地震が発生したとき、被害を最小限に抑え、人的被害を出さないことが大切です。さらに図書館は資料や施設を守ることも考えていかなくてはいけません。
ここでは、地震対応マニュアルの作成を通して図書館の備えを再確認します。

# "大きな揺れ発生！"
# あなたは最初に何をしますか？

　この問いに答えてください。場所は図書館，開館時間中です。多くの利用者がいます。あなたなら，どうしますか？　これを読んでいるあなたが今考え，最善の答えをすぐに出してください。本書はここから始まります。

　東日本大震災を受け，図書館としても対応を考える時がきています。そして来るべき時に備えて図書館で働く一人ひとりが意識を変えてゆく必要に迫られています。大きな揺れが発生したとき，居合わせた利用者の安全確保に努めると同時に，仲間や自分自身の身も守り，一人の犠牲者も出さないことが重要です。

　みなさん一人ひとりが考え，危機意識を高く持つことが備えにつながります。本書を活用して，図書館の地震対策を進めてください。

# 『地震対応マニュアル』を創る

マニュアルは与えられるものではありません。マニュアルをお持ちの館は，そのマニュアルがきちんと使えるかどうか検証することを忘れないでください。

マニュアルは書店で販売されていたり，通信販売で購入したりできるものではありません。自分たちでさまざまな意見を出し合い，議論し練りあげていくものがマニュアルであり，完成したものよりも，作成過程が重要であると言えます。

自館に即した地震対応マニュアルを作るためにはどうすればいいでしょう。

- ●人(利用者，職員，自分自身)を守ること
  一人の犠牲者もケガ人も出さないことが求められます。
- ●建物・設備を守ること
  安全性の確認とライフラインの維持管理が求められます。
- ●資料を守ること
  特に地域・郷土資料，特別コレクションなど，代替不能な資料を失わないことが求められます。

『マニュアル』作りに関して，ここでは詳しく述べませんが，**本書は「地震対応マニュアル」ではない**ことを理解してください。どちらかというとマニュアルを作るための素材を集めるもの，地震が図書館に及ぼす影響について理解するものです。**本書を読み，書き込みをしたとしてもほんとうのマニュアルにはなりません。**

14ページからは，みなさんの図書館についての情報を書き込んだり貼りつけたりしていきます。この過程も図書館を理解する上で大切なことです。自分の館に関する資料を集めるほか，わからないことは専門家に尋ね理解を深めてください。

### Point

## マニュアル作成

- 現状を確認する。
- 読んで誰もが理解でき，動けるもの（シンプルなもの）にする。
- 特定の人たちが作るのでなく，図書館で働くすべての人がかかわる。
- 地震に関する情報を集める。
- 地震が発生したときに図書館でどう対処するか意見を出し合う。
  （少人数のグループで，意見を出し合うとよいでしょう）
- 具体的な事項を出す。（関連施設の電話番号や連絡網，住所，用意するもの）
- マニュアルを基に防災訓練を実施する。（訓練の回数は多いほうが身につきます）
- 毎日，地震について考え，話題にする。

『マニュアル』は常に更新し理解し実践することが重要です。時には『マニュアル』や想定に縛られず，自分自身の判断で臨機応変に行動することも必要とされます。どちらにしても平常時から，意識を高く持ち，地震発生時にいかに動くかをイメージしておくことが大切です。

本書の中にもたくさんのヒントがあります。

---

　では，実際に地震が発生したとします。図書館内で以下のような状況に直面したあなたは，どう行動しますか。具体的に書いてみてください。

"大地震発生！"

- 誰がどう行動するか決めていますか？➡

- 揺れているとき，利用者に何と声をかけますか？（具体的に）➡

- どこに，何を使って，誰に連絡しますか？（連絡の手段）➡

- 一次避難場所，二次避難場所はどこですか？➡

- 子どもや高齢者のみで来館していた場合，どうしますか？➡

- 障がい者が来館していた場合には，どのように対応しますか？➡

- 外国人が来館していた場合には，どのように対応しますか？➡

- 書架が倒れ本が落下しています。どうしますか？➡

- ケガ人が発生しました。どう対処しますか？➡

- 津波注意報・警報が発令されたら，どうしますか？➡

- 大雨や雪といった天候の悪いとき，どうしますか？➡

- 夜間開館中の地震で停電が発生，ケガ人もいます。どうしますか？➡

- あなたが一人だけでカウンターにいたとき，大きな揺れがありました。どうしますか？➡

- 移動図書館でサービス中に地震がありました。どうしますか？➡

- 図書館に多くの避難者が来館しました。どうしますか？➡

　さあ，みなさんはどのように行動しますか？　そしてこのとき，必要になるものは何ですか？　記入してみてください。

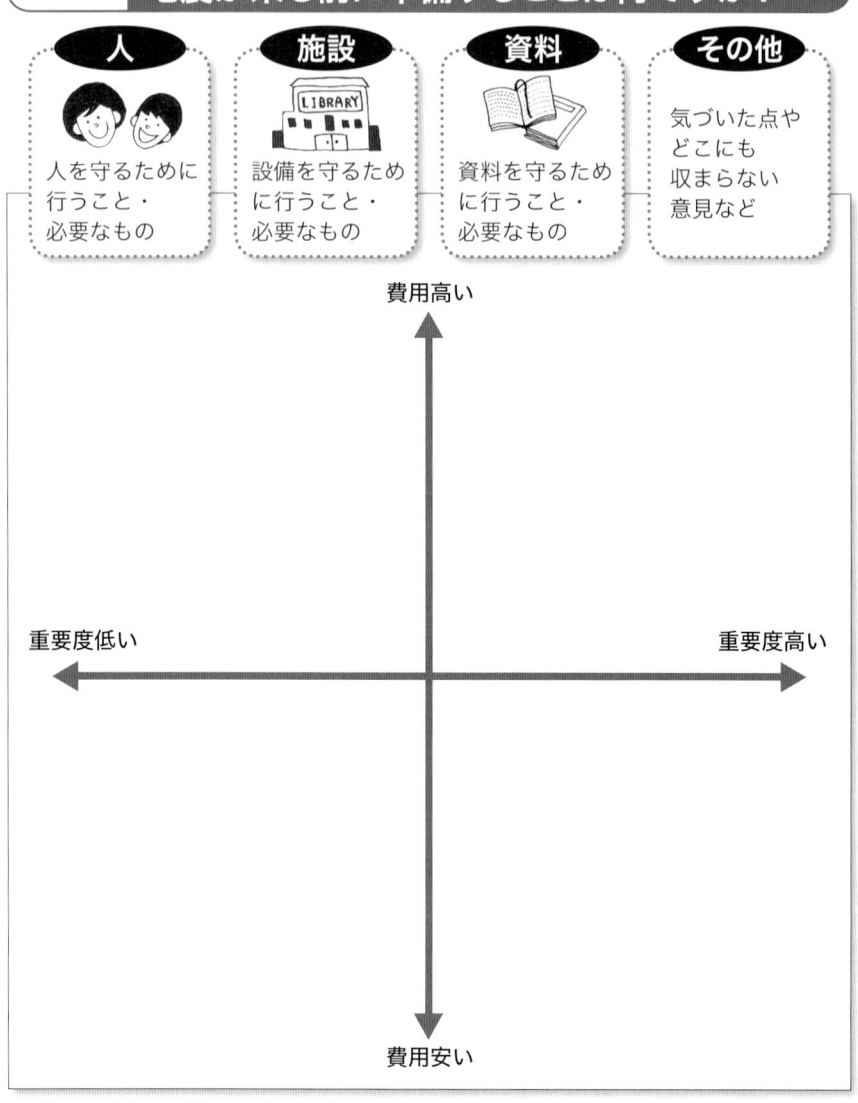

　上の枠内に，みなさんの図書館で地震前に取組みが必要なことを人・施設・資料・その他の4項目に分けてまとめます。模造紙にこの図を書き，付せんに何が必要かを具体的に書きます（この4項目を付せんの色で区別してもよいでしょう）。ここでのポイントは図書館にかかわるすべての人が参加することです。重要度の高いものから取組みます。

### 準備2　図書館の周りを知ろう（図書館防災マップの作成）

　図書館の周囲にどのようなものがあるかを確認します。実際に歩いて危険個所を発見したり，避難場所までのルートを確認したりすることも大切です。そのルート上に倒壊の危険のあるものや火災，爆発の恐れのあるもの等はありますか？　山や海が近くにある館は，自治体が発行しているハザードマップなども参考にしてください。

　図書館を中心とした地図を貼り，危険個所や避難所，注意すべきことを書き込んでください。

## 準備3　図書館内で安全な所はどこですか？

　図書館内で安全な場所はどこですか？　図書館の見取り図を貼って，安全な場所を丸で囲んでみてください。

## 準備4　図書館内で危険な場所はどこですか？

　地震発生時，図書館内で危険な場所はどこですか？　見取り図を貼り，周囲をくまなく見て，「何が，どう危険か」を具体的に書き込んでください。特に天井，書架の配置，避難経路，死角には注意してください。

## 準備5 図書館の建物について理解します

### 施設安全のためのチェックシート

日本図書館協会施設委員会，2011年

1. **立地の安全性を確認する**
   - [ ] 過去に大きな災害を受けていないか ➡ 地震・津波・洪水など
   - [ ] 土地の歴史を伝える資料を調べる ➡ 海・川・沼地・水田であった所は地震に弱い場合が多い
   - [ ] 震度予測資料や活断層マップ，洪水警戒マップを調べる
     （備考：専門家はボーリング等の地質調査データを重視する）

2. **建物の安全性を確認する**
   - [ ] 構造形式は？ ➡ 鉄筋コンクリート造・鉄骨造・木造など
   - [ ] 建設年は？ ➡ 特に「1981年6月1日以前に着工された建物」は要注意
   - [ ] 耐震診断を受けているか（耐震改修促進法に基づく）
     - [ ] 安全であることを確認
     - [ ] 耐震改修工事を要す ➡ [ ] 実施しているか
       （備考：耐震，免震，制振など地震に強い建物の技術は進歩している）

3. **建物周辺の安全性を確認する**
   - [ ] がけ地や河川，石積みの古い塀・擁壁がないか（傷みのあるブロック塀にも注意）
   - [ ] 最寄りの避難場所はどこか

4. **家具類は転倒・転落しないか**
   - [ ] 書架は床や壁に固定されているか ➡ 固定されている壁の種類は，固定法は適切か
   - [ ] 堅牢な家具かどうか ➡ 古い家具や華奢な家具は専門家の診断が望ましい
   - [ ] サーバラックや2段積みの書類棚など事務室内の家具類にも対策が求められる

5. 落下すると危険なものを見直す
    - [ ] 高所のガラスは割れて落下すると危険 ➡ 飛散防止の方法はあるので専門家に相談を
    - [ ] 照明器具　空調の吹出口 ➡ 専門家の診断を
    - [ ] 高所に重量物を陳列したり吊ったりしていないか
    - [ ] 配管破損による漏水は資料の大敵 ➡ 設備の定期点検や更新の工事

6. 非常時の備えを再点検
    - [ ] 防火戸やシャッターの妨げになるものを置いていないか
    - [ ] 避難路の妨げになるものを置いていないか
    - [ ] 非常時グッズを確認しよう（通信手段・懐中電灯・非常食・水・ビニールシート他）

出典：『東日本大震災に学ぶ　第33回図書館建築研修会［テキスト］』日本図書館協会，2012，p.67

Ⅰ　みんなで考える

## 準備6　地震に伴い図書館の周囲や地域で起きる災害の可能性

　東日本大震災では東北から関東の沿岸部が津波に襲われました。みなさんの地域で，大きな地震が発生した際，危惧される災害は何ですか？　季節や地域，地形も加味して考えてみてください。また，それらに対してどのような対策をとっていますか？

●どのような災害が発生すると予想されますか？

●その災害に対してとっている対策を記入してください。

# Ⅱ 地震に備える

地震に備えるために、図書館や個人が取組むポイントをまとめました。

ただし、すべての図書館に共通するものではありません。

図書館で働く人の数や勤務形態、利用者、地域や時間帯、季節などにも大きく影響されます。

これを下敷にして、自身の館に即した備えを考えていく必要があります。

# ① 人を守るために

一人ひとりの命を守り，安心して利用できる図書館を目指します。

## 1 マニュアルの整備

- **地震対応マニュアルの策定と整備**

  利用者の身の安全を確保するために何が必要なのか，どう行動したらよいかを考え，早急に地震対応マニュアルを作成してください。

- **自治体防災計画の理解と周知**

  防災計画を職員間で把握して理解しておくことが求められます。図書館が避難所に指定されていて，物資の備蓄が行われているかもしれません。災害時の図書館の位置づけを確認してください。

- **非常時の役割分担，係の明確化**

  災害時に組織として速やかに対応できるように，スタッフの役割を決めておきます。

- **あらゆるケースを想定した地震対応マニュアルの策定**

  特に「人手が手薄になるときに地震が起きたら」を想定してください。職員が出張中や休暇中の場合，土曜・日曜・夜間・早朝の場合です。また，専任職員不在時で兼務者や他部署からの応援職員（学校図書館の場合，教職員）のみの場合も同様です。

- **開館時間前に地震が発生したとき（出勤困難時の開館）の想定**

  職員の安否はもちろん，交通機関の混乱で出勤ができず，開館が困難になる場合が予想されます。深夜から早朝に地震が発生した場合，誰がどのように動き，図書館の開館・閉館の判断を行うのか決めておくと同時に，非常時の役割分担を明確にしておくことが大切です。

- **連絡網の作成**

  図書館の緊急連絡網を作成します。パートや委託業者等，きめ細かく作成してください。特に個人情報の扱いには細心の注意を払うようにし

てください。

- 勤務している人の把握（関係業者，委託，ボランティア）

　時間帯や曜日によってさまざまな人が図書館に出入りしています。誰がどのように出入りしているか把握しておくことも大切です。

- 救急救命法の受講（AEDの操作を含む）をする

　心得があると，災害時だけでなく日常のトラブルにも役立ちます。日本赤十字社の支部や赤十字施設などで「救急法」，「水上安全法」，「雪上安全法」，「幼児安全法」，「健康生活支援講習」の5つの講習を開催しています。日本赤十字社のホームページ（➡巻末の参考サイト (p.120) 参照）等で確認して講習を受けてください。また，近くの消防署にも救急法の講習を依頼できます。

### やはり訓練が必要

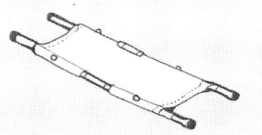

　東日本大震災で実際に被害にあった図書館職員から，担架は準備しておくとよいとの報告がありました。当時は担架がなく，毛布や板きれにのせて負傷者などを運ばざるをえない状況で，毛布を担ぐ人の指の爪がはがれそうになったり，負傷者に痛い思いをさせたりと大変だったようです。確かに本には毛布も担架のかわりになると書かれていますが，棒をそえたり，両端を丸めて持ちやすいようにしたりと，ちょっとしたコツがいります。やはり実際に経験することで気づくことがあります。

- 指定避難場所，広域避難場所の確認

　避難場所の位置とそこへのルート（複数）の安全確認を常に行ってください。季節や時間帯も考えてください。

- 館内避難経路の表示，確保

    わかりやすく見やすい表示を心掛けます。利用者の動線を確認し，危険な場所を把握しておきます。

- 職員用装備の用意

    非常時に着用する腕章やベスト（自治体名や図書館名が書かれているもの）を用意し対応します。

## 2 一人ひとりの備えと心がけ

- 自分が今いるところで地震に遭遇したらどうするかを常に考えておく

    地震はいつ，どこで起こるかわかりません。自分が今いる場所で地震が発生したらどうするかをイメージすることが大切です。

- 図書館内の安全な場所を理解している

    16～17ページの見取り図等で館内の安全な場所，危険な場所を把握し，利用者を安全な場所に誘導できるようにしておきます。

- 大きい声を出す訓練をする

    大きな地震のときには動揺で声が出ません。非常時でも落ち着いて利用者を誘導できるように，普段から大声を出す訓練をしておきましょう。

- 携帯電話，スマートフォンを持ち歩く

    緊急地震速報の受信や非常時の連絡に使用します。メール，SNS，ツイッターなどの活用や，動画機能，ライト機能等も活用できます。ただし，通常の業務時に使用することや館内で通話をすること，画面を見ることはやめましょう。

    とっさの時にも使用できるよう，機能の把握や操作を熟知しておくことも大切です（地震の規模や被害状況によっては使用できません）。

- 書庫に入るときには

    書庫にはヘルメット，ホイッスル（防犯ブザー），懐中電灯を備えつけ，入るときには携帯電話などを持参し，入庫記録をつけてください。面倒なことですが必要なことです。

- 職場には個人用持ち出し袋（リュック）を備える

　各自が非常用持ち出し袋を備えておくことが大切です。次ページのリストを参考に，準備してください。

- 徒歩で帰宅してみる

　非常用持ち出し袋（リュック）を背負って，徒歩で帰宅してみてください。歩いているときも，危険な場所や注意する場所をチェックしてください。コンビニエンス・ストアの場所や避難所，トイレの場所も確認しておくとよいでしょう。距離や体調で徒歩での帰宅が困難な場合も考えてください。天候や季節によって帰宅経路周辺の環境が左右されることも，視野に入れておきましょう。

- 履物／衣類

　サンダルやかかとの高い靴を履いていませんか？　地震の際に脱げて逃げ遅れる，飛散したガラスや割れた蛍光管の上を歩かなければならない，といったことも予想されます。日常から歩きやすい履物を履いてください。作業着や長靴も用意しておくと便利です。

◆持ち出し袋（リュック）の中に入れるもの（必要に応じ空白部に追加してください）

| ✓ | 番号 | 品　名 | 数量 | 備　考 |
|---|---|---|---|---|
| ☐ | 1 | 缶入り乾パン・チョコレート | 1 | 消費期限に注意しましょう |
| ☐ | 2 | ペットボトル入り飲料水 | 3 | 消費期限に注意しましょう |
| ☐ | 3 | 懐中電灯 | 1 | 電池の確認をしてください |
| ☐ | 4 | 携帯ラジオ | 1 | 電池の確認をしてください |
| ☐ | 5 | 軍手・手袋 | 2 | |
| ☐ | 6 | 非常連絡先 | 1 | |
| ☐ | 7 | 自宅までの地図 | 1 | 避難所までの地図も必要です |
| ☐ | 8 | 救急袋 | 1 | |
| ☐ | 9 | マスク | 5 | 救急袋の中に入れるもの（9〜17）です。必要に応じて増やしてください。コンタクトレンズを使っている人はメガネやコンタクトレンズ用品等，自身の健康状態を考えてください |
| ☐ | 10 | 消毒薬 | 1 | |
| ☐ | 11 | 脱脂綿 | 1 | |
| ☐ | 12 | ばんそうこう（各種サイズ） | 10枚 | |
| ☐ | 13 | ガーゼ（滅菌） | 2 | |
| ☐ | 14 | 三角巾 | 1 | |
| ☐ | 15 | 包帯 | 1 | |
| ☐ | 16 | 生理用品 | 1 | |
| ☐ | 17 | 常備薬・持病薬（処方箋のコピー） | | |
| ☐ | 18 | レジャーシート | 1 | |
| ☐ | 19 | 携帯用簡易トイレ | 2 | |
| ☐ | 20 | ホイッスル（防犯ブザー） | 1 | |
| ☐ | 21 | タオル・手ぬぐい | 1 | 手ぬぐいは濡れても乾きが早いです |
| ☐ | 22 | レジ袋 | 5 | 雨具代わりや物入れ等用途は多数 |
| ☐ | 23 | ウェットティッシュ | 2 | |
| ☐ | 24 | 現金（10円玉×50枚） | | 公衆電話の利用のための小銭。テレホンカードは使えないことも |
| ☐ | 25 | 万能ナイフ | 1 | |
| ☐ | 26 | サバイバルブランケット | 1 | |
| ☐ | 27 | 新聞紙 | 1 | 敷物や寒いときに身体に巻いても |
| ☐ | 28 | 筆記具（伝言メモ用） | 3 | ボールペン・油性マジック |
| ☐ | 29 | 用紙 | 10 | 大きなものもあると便利です |
| ☐ | 30 | ガムテープ | 1 | 1巻は必要ありません |
| ☐ | 31 | 雨具 | 1 | 軽いものを選んでください |
| ☐ | 32 | 使い捨てカイロ | 3 | |
| ☐ | 33 | | | |
| ☐ | 34 | | | |
| ☐ | 35 | | | |

● 自分の判断を養う

　緊急時には，上司の指示を待たずに動くこともあります。地震発生時に「職員だから」，「臨時職員だから」，「契約にないから」と言って何ら動くことをしなければ，人命を守ることも自身が生き残ることもできません。ときには，マニュアルにとらわれず，臨機応変に行動しなければならない場面に出くわすこともあります。自ら判断する力をつけてください。

### 3.11の東京ディズニーランドの対応例

　東日本大震災当日，東京ディズニーランド，ディズニーシーには7万人のゲストがいました。

　スタッフは，ゲストの安全・安心を第一に行動し，翌朝，園内で夜を明かした2万人を笑顔で帰宅させました。都内の帰宅難民のほとんどは，居場所もままならず不安な夜を過ごしたというのに，どうしてそんなことができたのでしょうか。それは「ゲストの安全が第一」という哲学のもと，年に180回も具体的な防災訓練を行っていたからです。しかも，驚くことにスタッフの9割のアルバイトは，マニュアルにない行動（ぬいぐるみを防災ずきん代わりに配布したり，ダンボールなどを寒さ防止に利用した）を各自の判断でとっていました。

参考文献▶『震災で本当にあった泣ける話』イースト・プレス編集部編著，
　　　　イースト・プレス，2011

● 心のケア

　「自分がやらねば」という思い込みは危険です。無理せず，みんなで取組むことを念頭に，できないことや困ったことは他の人に相談しましょう。

● 職場の人とは常に仲良く

　地震発生時には職場の全員で力を合わせて危機に対処しなければなり

ません。平常時から良好なコミュニケーション作りやホウ・レン・ソウ（報告・連絡・相談）の充実を心掛けてください。

### 指示に対する過信は危険

　東京ディズニーランドでは地震時にスタッフが各自の判断で行動をしましたが、その事例とは対照的に、警官からの指示を鵜呑みにして被害に遭ったということがあります。

　アメリカの世界貿易センターで起きた同時多発テロでの出来事です。1機目の飛行機がノースタワーに激突して約25分後、そのタワーの64階で働いていた職員は、警察に助けを求めました。そしてその返答は、警官が助けに行くのでその場に待機してください、ということでした。

　警官が来ないため、職員は警官への連絡から1時間後、避難を始めます。しかし、その途中で建物が崩壊し、結局64階にいた16人のうち14人が亡くなりました。

　現場の状況が一番わかるのはそこにいる人たちです。客観的な立場からの意見も大事ですが、非常時に一番役立つものは自らの判断能力です。

参考文献▶
『人はなぜ逃げおくれるのか　災害の心理学』広瀬弘忠、集英社、2004
『きちんと逃げる。災害心理学に学ぶ危機との闘い方』広瀬弘忠、アスペクト、2011

● **仲間をつくろう**

　図書館員には全国に多くの仲間がいます。東日本大震災の際もさまざまなツールを使い、安否情報がやり取りされました。図書館の復興にもそれらは生きています。

　人的なつながりは非常に重要なので、多くの仲間をつくり、交流することもよいでしょう。出張や研修の際に大いに交流を図ることや関連団体への加入、ツイッター、フェイスブックの利用なども考えられます。

- 家族のことを考える

　公立図書館の職員は，図書館員・司書である前に自治体職員であることを意識して，地域住民の安全確保のために行動しなければなりません。夫婦で公務員の場合，双方が災害対策に従事することが考えられます。子どもがいる人や親の介護がある人などさまざまな家庭の事情を持っている人は，緊急時に家族をサポートをしてもらえる人を探し出しておかなければなりません。夫婦双方が自治体職員でなくても，災害時は会社や地域のために行動したり，トラブルに巻き込まれたりして帰宅できないケースもあります。家族間での連絡方法や，もしもの時のことを話し合っておくことが大切です。

## 3 利用者に向けて

- 利用者参加型の避難訓練を実施する

　日ごろから，防災訓練や避難訓練を実施してください。消防署に指導を依頼してもよいでしょう。図書館の状況や職員体制を意識して取組む必要があります。利用者にも参加してもらうことにより，緊張感のある訓練ができます。地震は時間や季節，天候を選びません。あらゆる想定で取組むことが必要です。自治体が実施している訓練に積極的に参加することも大切です。

- 「自分が図書館にいるとき，地震はない」と考えている利用者も多い

　大きな地震で建物が揺れているのに，書架の間で本を選んでいる人もいます。利用者の意識を変えることも必要です。

- 書架の上のサインに注意

　児童コーナー等の低書架の上に固定せずに設置されているサインは，地震の際落下する恐れがあります。利用者への注意喚起を忘れないでください。

- 『図書館で地震が起こったら』注意書きチラシでの喚起

　来館中に地震が起きたら，「図書館はどうなるのか」，「図書館はどうするのか」，「利用者はどう行動したらよいのか」をわかりやすくシンプルに書いたものを掲示，またはチラシや館報・広報にして来館者に配布

します。館内の配置図や地域の事情に即して書くことがポイントです。他言語での作成や点字，音声での作成も考慮してください。

　右ページの写真は浦河町立図書館(北海道)と工学院大学図書館(東京・新宿)の例です。利用者に見える位置に，地震発生時の対応について掲示しています。この中で，「本棚」という言葉を使っています。図書館では「書架」と言ってしまいがちですが一般の方にはわかりません。また，図書館内の安全な場所が明記されています（これが重要です）。このように，利用者にとってわかりやすい注意書きを心掛けてください。

> **参考**
>
> ## さまざまな防災訓練の形式
>
> 　図書館（組織）内で人を守る意識を醸成し，時間的に切迫した災害時の状況下・不確実性の高い中での判断や体制を明確にしておくためには，訓練は必要不可欠です。防災訓練には，例えば，下記の方法があります。
>
> ①**講義**
> 　地震の基礎知識，地域防災計画の把握，地震被害想定など，災害危機管理に関する内容について知識の習得を目的とした座学の講義です。
>
> ②**訓練**
> 　消火訓練，非常電源操作，衛星通信操作，救出訓練，負傷者搬送訓練など，実技による技能向上や実働を目的とした訓練です。
>
> ③**討論型図上演習**
> 　ワークショップやグループワーク，ゲームなどの方法で行われ，災害時の状況や対応について考えたり議論をします。事前に立案した避難計画や防災マニュアルが適切に機能するか，などを参加者との協働で検証します。
>
> ④**対応型図上演習**
> 　コントローラーとプレイヤーに分かれ，擬似的な災害状況下での対応を実践的に演習します。情報収集，情報伝達，意思決定が正しく組織内で行われるかを確認します。
>
> ⑤**フルスケール演習**
> 　訓練と演習を組み合わせ，実際の対応を模擬した総合訓練・演習です。
>
> （→参考資料「3. 都市型大学の防災訓練の事例」(p.107) 参照）

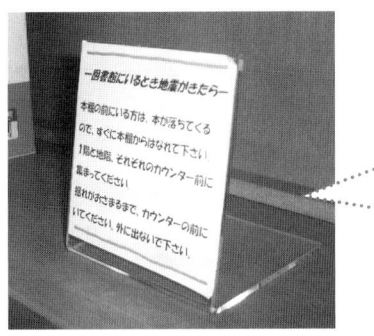

浦河町図書館（北海道）の書架に置かれたメッセージ

～図書館にいるとき地震がきたら～
本棚の前にいる方は，本が落ちてくるので，すぐに本棚から離れてください。
1階と地階それぞれのカウンター前に集まってください。
揺れがおさまるまで，カウンターの前にいてください。外に出ないでください。

CAUTION
When feeling an earthquake, please stay away from the bookshelves.
地震発生時には本棚から離れてください。

このような書き方もあります

At an earthquake, stay away from the bookshelves.

工学院大学図書館（東京・新宿）の書架のメッセージ（英文の例）

## 4 情報の収集と提供

### ●地震発生時の情報提供方法を考える

　館内で放送機器を使うのか，肉声や掲示板等を使うのか，さまざまな状況を考え，迅速かつ確実に情報を伝達，提供することが大切です。外国人や障がい者への情報伝達方法も考えてください。

### ●緊急地震速報の活用

　気象庁のホームページに概要が掲載されています。

http://www.seisvol.kishou.go.jp/eq/EEW/kaisetsu/index.html

　地震が発生してから，速報が出ます。揺れが到達する数秒から数十秒の間に館内の利用者に身を守るよう指示しなければなりません。「周囲の状況に応じて，あわてずに，まず身の安全を確保する」ことが基本で

す。館内に緊急地震速報を知らせる受信端末を設置するなどの対策もよいでしょう。

- ●災害用伝言ダイヤル確認

　利用法をプリントして，館内の目立つ所に掲示，館報で周知する，カウンターなどわかるところに置いておくなど，とっさの時に引き出せるようにしておくとよいでしょう。

災害用伝言ダイヤル（171）

> http://www.ntt-east.co.jp/saigai/voice171/

- ●情報収集，発信

　インターネット，パソコンに精通した人，ホームページの更新ができる人の育成が必要です。被災してもホームページの更新が早急に可能なように，サーバーを遠隔地に置くことも考えられます。

- ●地震関係資料の収集

　地域内のハザードマップや災害関連資料，自治体の防災計画を積極的に収集し，定期的に展示やPRを行います。

- ●住民に情報提供施設であることをPR，積極的な情報提供を行う

　緊急時には住民生活に必要な情報（新聞・国や自治体からの情報）を提供できるよう，平常時から役所や関連機関との連携，利用者への情報提供，PRに努めてください。

## 5 他の組織とともに

- ●役所や担当部署との連携

　役所・教育委員会との連携を充実させてください。特に防災担当者との情報交換を行うことは，図書館の安全管理に役立ちます。

　また，大学・学校図書館の場合は学生課や職員室に図書館の現状を理解してもらい，安全対策を一緒に考えてもらうとよいでしょう。「何かあれば警備室，学生課，職員室」という考え方がありますが，トラブル発生時は極力，図書館職員で解決する習慣を身につけることも大切です。

- 役所の防災担当部署の連絡先，連絡方法の確認

　停電になったとき（電話，インターネットが使えない）や道路が寸断されたときに，役所とどのような手段で連絡をとるのかを確認しておくことが必要です。

- 災害に対応する組織（対策本部）の設置ルール，業務代行者の確認

- 委託先業者，指定管理者とともに地震発生時の対応について協議する

　被害を最小限に抑えることが大事です。両者で非常時の対応をきめ細かく協議してください。

　また，今後の契約に災害時の行動についても盛り込んでいくとよいでしょう。

- 都道府県内の図書館の連絡体制を確立させる

　都道府県立図書館は，地震が発生したときの情報収集の方法（電話での連絡網，一斉メール，インターネットでの掲示板等）を確立させ，各館の被害状況をまとめます。各県の災害コーディネーター（→ p.104 参照）や県立図書館の担当者がそれに当たります。また，報告する際のフォーマット【人的被害の有無，職員の安否，施設・設備の被害，開館しているか否か等】をあらかじめ作成しておくとよいでしょう。東日本大震災では，通信網が断たれました。非常時の連絡方法を確立させることが求められます。

- 都道府県立図書館に甚大な被害が出たときに役割を代行する図書館を決める

　県協会等の中で議論してください。代行館の役割や他の市町村図書館（室）との役割分担なども決めておくとよいでしょう。

- 近隣の病院／保健センターの連絡先の確認

## 6 用意しておきたい道具

● 帰宅困難者を受け入れる際の毛布，水・食糧の備蓄

　職員・スタッフ，利用者，帰宅困難者の分が必要となります。支援物資が届くまでの最低3日間は必要とされます。

＊震災直後の3日間，行政や消防・警察等の救助隊は人命救助を最優先とするため，帰宅困難者への支援は期待できません。

● 空気清浄機や本の消毒機の導入

　震災後はホコリの浮遊や，返却資料の汚れ等が顕著です。

● 公衆電話の存続や導入

　地震発生後，携帯電話がつながりにくい中，公衆電話は独自回線を確保しているため使えたようです。現在，公衆電話の設置が縮小されつつありますが，図書館では公衆電話を存続させ，非常時の際，連絡方法の選択肢に幅を持たせた方がよいでしょう。導入していない館は近隣の公衆電話の位置を確認すること，または新たに導入することを検討ください。

　総務省ホームページによれば，「NTTが設置する公衆電話は，優先電話と同様の扱いとなっているため，通常の電話よりもつながりやすくなっています。(災害時優先通信：いわゆる『災害時優先通信』は，災害の救援，復旧や公共の秩序を維持するため，法令に基づき，防災関係等各種機関等に対し，固定電話及び携帯電話の各電気通信事業者が提供しているサービスです。)」とあります。

● ケガ人，病人対応のための用具の用意

　必要な用具は以下のとおりです。地震の際だけでなく，日常の業務の中でのトラブルにも活用できます。

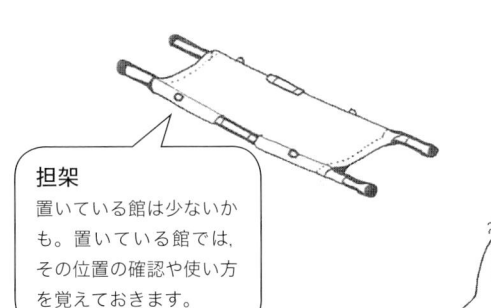

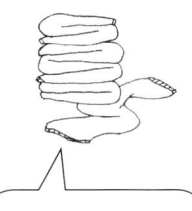

**担架**
置いている館は少ないかも。置いている館では，その位置の確認や使い方を覚えておきます。

**タオル・雑巾**
止血や汚物の処理，汚れふき等に使用できます。

**毛布**
図書館で泊ることになったり，病人・ケガ人が出たりしたときの対応に。担架の代用も可能ですが，ちょっとしたコツが必要です。薄くて軽いサバイバルブランケットもあります。

**AED**
日ごろから使えるように訓練してください。館内のどこにありますか。動作確認もお忘れなく。

**緊急時の連絡先**
病院や最寄りの消防署，保健センター，校医，校内の健康相談所等の連絡先を記入，全員から見える場所に掲示します。携帯電話から119番にかけるときは，そのまま119とダイヤルします。

**救急箱**
発生しそうなケガや病気に対応できる救急用品を用意します。定期的に更新することも必要です。

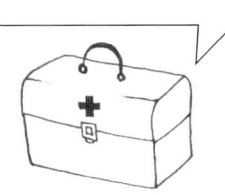

Ⅱ 地震に備える

● 図書館で備えておくと便利なもの

　地震に備えるため，必要と思われる主なものは次のとおりです。

**防災ずきん・ヘルメット**
落下物から頭を守ってくれます。

**トランシーバー・無線機**
電話が使えない際の緊急連絡用。充電を忘れずに。

**携帯電話の充電器**
手回しやソーラ式などもあります。

**非常食・飲料**
職員や利用者が3日間しのげる備蓄が理想的。

**ラジオ・テレビ**
情報収集のために，電池式のものを用意します。災害用多機能ラジオ（携帯電話の充電ができるもの，LEDライト付きのものなど）もあります。

**マイク・放送設備**
非常時に情報提供するときに使います。停電の際には使えないので，電池式のもの（ハンドマイク）を使用。事前にどんな放送を入れるか，原稿を作っておくとよいでしょう。小規模の館は肉声で。

**懐中電灯・ランタン**
停電時の明かりに。館内は案外暗い。電池は要確認。

**ブルーシート**
敷いてよし，かければ雨よけに。資料を守るためにも使えます。多用途です。

**ホイッスル**
自分の居場所をわからせるため，危険を知らせるために複数用意。書庫に閉じ込められたときなどに活用できます。
（防犯ブザーも使えますが，電池式なので注意してください。）

このほかにも
レインコート・長靴
土のう袋・止水板

**電池**
館内で電池を必要とするものを調べて、各種取り揃えてください。液もれ等もあるので定期的に交換することも大切です。

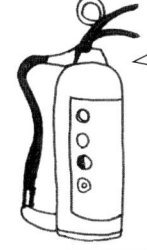

**消火器**
館内のどこにあるのか確認。操作法をマスターしましょう。

**軍手・ゴム手袋**
資料の片付けや作業用に。

**レジ袋**
汚破損の本をまとめるとき、ゴミ袋・汚物をつかむとき、消火器として（水を入れて火に投げる）、雨具として、汚れものを入れる、靴の上にかぶせると長靴代わりに。いろいろな用途があります。

**ストーブ**
冬季の停電時に使用。灯油を用意することを忘れずに。

- このほかにも、あなたの図書館で「人を守るために」考えなければならないことを記入してください。

## ② 建物や設備を守るために

建物や設備を守ることは，人命を守ることにもつながります。建築の専門家とも協議して，備えをしてください。

### 1 トラブルへの対処

- **停電時の対応**（→ p.57 参照）

    停電になったとき図書館がどうなるかを考え，対策を講じます。また，季節や時間も考慮し，必要なものを揃えてください。

- **発電機や非常用電源の操作法・耐用時間を把握する**

    導入しているタイプや使用法によっても異なりますので，確認が必要です。燃料の種類や備蓄は万全ですか？

- **火災報知器の操作**

    作動したときに，どこに通報され，誰に連絡するのか確認します。誤作動したときの停止の方法も把握しておいてください。担当者や業者の連絡先を掲示しておくとよいでしょう。

- **スプリンクラーの操作法を学ぶ**

    地震の際，誤作動を起こして水を噴射した例や，配管が外れ水漏れを起こした例があります。スプリンクラーの操作法や配管の位置，水栓の停止法を把握しておくことが大切です。担当者や業者の連絡先を掲示しておくとよいでしょう。

- **移動図書館車や公用車を運転中，地震が発生したときの対処を確認**

    走行する道路（一般道や高速道）での対応や，走行している場所（海岸沿い，山間部）での対処も確認してください。通勤でマイカーを利用している場合も同様です。

    車中に閉じ込められたときのために，脱出用ハンマーを積んでおくとよいでしょう。

## 2 被害にあったときのために

- 専門家への相談

　建築の専門家に建物の危険個所や改善すべき場所を挙げてもらうなどのアドバイスを受けます。専門家の連絡先も事務室に掲示しておきます。

- 保険に加入しているか否か

　火災保険や地震保険に加入しているかを確認し，加入していなければ早急に加入してください。

- データの保護，避難

　姉妹都市自治体や近隣自治体，分館等にデータの避難体制を構築します。クラウド方式の導入も選択肢の一つです（クラウドのデータセンターが地震で被害を受ける可能性もあります。導入業者との十分な協議や理解が必要です）。

## 3 チェックすること

- 建物の補修が必要な個所や破損している部分の洗い出し

　建築の専門家に依頼して，補修個所や危険部分を指摘してもらいます。その際には竣工図・構造図等を用意しておきます。早急に修理や補修が必要な部分は予算措置を講じてください。

　子どもや高齢者の目線で危険個所や事故発生の恐れのある場所を洗い出すことも大切です。

- 電気，水道，ガスの配管や元栓の位置確認

　配電盤や配管・機械室の位置や操作法を覚えておくとよいでしょう。これらは施錠されている場合があります。鍵の位置，どの設備がどの鍵か，一目でわかるようにしておくことも大切です。

- 電気室が地下にある場合の対応

　浸水対策を考えます。止水板（あるいは土のう）設置，排水ポンプやポータブル発電機を使いやすい場所に用意します。

- エレベーター，エスカレーターが地震のときにどうなるのかを確認，掲示

　業者に問い合わせ，すべての利用者にわかりやすい掲示を作成します。トラブル発生に備え，担当者や業者の連絡先を掲示しておくとよいでしょう。

- 配架位置を考える

　重い本や表紙の薄い本（電話帳など）は落下しやすいので，下段に置くなど配架方法を工夫してください。

　図書落下防止装置や落下を防ぐ工夫がされた棚の導入も検討します。ただし，本を乗せたまま書架が倒壊した事例もあるので，書架の床・壁への固定状態の点検も入念に行ったうえで導入を検討してください。建築の専門家に相談することも考えます。

- 移動図書館車，公用車の確認

　地震の際に動いてシャッターにぶつかったという事例もあります。駐車場に停車している利用者，職員の自家用車についても同様です。

## 4 被害の防止，軽減

- 耐震補強工事や新館建設

　大きな費用や工事が発生するので，計画的に行います。

- サーバーやデータを守る（上層階に設置等）

　サーバーの周囲に落下するものはないか確認します。地下等にサーバー室がある場合は水の流入も考えられます。（→「電気室が地下にある場合の対応」(p.39) 参照）

- 燃料の手配

　発電機や公用車に必要な燃料，暖房に必要な燃料の販売店等をリストアップし，備蓄しておきます。

- トイレ用の貯水タンク

　停電になると施設内のくみ上げポンプが停止し，断水します。水の確保のために，貯水タンクや貯水槽の活用を考えます。

- 書庫の安全確認

　集密移動式書架（電動・手動）や自動出納書庫について，地震発生時にどのようなトラブルが発生するか，復旧方法等を業者に確認します。手動の移動式書架の場合，平常時からロックを外しておくと地震の際に転倒や脱線防止になります。

- 書架の固定，安全確認

　固定しているからと言って，過信しないでください。大きな揺れでは止めていたボルトがちぎれ，書架が転倒する可能性もあります。棚は無事でも棚板が外れることも考えられます。また，集密移動式書架（電動・手動）が脱線をしたり，落下した本によって作動しなくなることも考えられます。

- ガラスの飛散を防ぐ

　ガラス飛散防止フィルムを貼るほか，ガラスの周辺には利用者を近づけないよう動線を工夫するなどの措置が考えられます。窓ガラス以外に，天井面に設置された防炎タレ壁，展示ケースなども要注意です。

- 事務室のスチール引き出し，ロッカー，机等の固定

　館内はきめ細かな対策が講じられていても，事務室は見逃されがちです。事務机や引き出し，ロッカーが倒壊することもあるので，ロッカーの固定，机の引き出しには鍵をかける等の対策が必要です。特にロッカーは内部の荷物が傾き，バランスを崩して転倒しやすいので，人の背より低いタイプでも注意が必要です。

- テレビ，PCモニターの固定や揺れの対応

　家電量販店や100円ショップ等で売られている転倒防止ジェルを機器の設置面に貼り付けます。

- ブルーシートの活用

　館内の図書の落下，天井のボードや蛍光灯の落下，ガラスの飛散等があった際に応急的に床に敷くことができるほか，割れた窓や屋根にかけて雨よけにも活用できます。

# ③ 資料を守るために

自館だけで解決しようとせず，都道府県のネットワークや近隣市町村，類縁機関（文書館・博物館・郷土資料館・美術館）との連携を重視します。

## 1 組織の備え

- 資料保存の責任者の明確化

- 資料救済計画の策定

  所蔵資料の中で救出すべき優先順位を決めます。所蔵資料の中には，紙だけではなく遺物・民具・写真・機械等はありませんか？ それらが被災した場合，どこに避難させ，どのように復旧させるかの計画を策定します。ときには，資料修復の専門家（専門機関）のアドバイスを受けるのもよいでしょう。

- 指定管理者との契約内容の確認

  非常時の資料の扱いや避難，復旧などについて契約内容を確認してください。

- 保険内容の確認

  資料の損害について補償される範囲を確認しておきます。

## 2 整理・保存・保管

- 資料の正しい収納

  書架にきちんと収納します。天板や床の上に置いたり，図書の天の上に横積みしたりしないでください。

- 貴重資料を守る（保存場所・方法の工夫と所在の把握）

  代替のきかない地域資料や特別コレクションなど，保存優先順位の高い貴重資料は，館内の安全な場所に保存します。その際には配管（水道管・スプリンクラー）等の位置も考慮します。中性紙の封筒や保存箱に入れたり，保管庫に納めたりすることも有効です。ガラス戸棚に収納した場

合は，ガラスに飛散防止フィルムを貼っておきます。また，リスト（目録）や配置図を作成して資料の保存場所を明確にします。他の館や施設に分散保存した際も先方の保管場所を把握しておきます。

● **地域資料の複部数収集・保存**
　貸出用・館内閲覧用・保存用に複部数収集，保存して置くと，万一のときの備えにもなります。保存用は，保護のために中性紙の封筒や保存箱に入れる，金属のホチキス針，クリップははずす，という対策をとっておきます。

● **鍵はわかりやすい場所に**
　貴重資料を収めている保管庫（金庫）や書庫の鍵はわかりやすい場所に，金庫のダイヤル番号などもわかるようにしておくとよいでしょう。防犯の面も忘れずに考えてください。ただし，津波が発生すれば金庫も安全ではありません。

● **資料のデジタル化**
　貴重資料の情報をデジタル化・複製します。費用が発生するので計画的に行ってください。また，データを他の図書館で保存してもらえば，リスクの分散が可能です。

● **被災時のための要救助資料リストと配架場所図面作成**
　作成の後は複製を中央館，分館，都道府県立図書館等に預けておきます。

● **資料救出のための資材をストックする**
　【資料を守るために準備するもの】
　　ビニールシート………大きいほど便利。水から資料を守る。
　　タオル………………雑巾にも，手を拭くにも，濡れた資料の簡便な吸水にも使える。
　　キッチンペーパー……手を拭くにも，資料の吸水にも。
　　新聞紙………………水の吸水や緩衝材に。
　　ポリ袋………………サイズいろいろ。濡れた資料の分別に（凍結乾燥に向けて）。簡易な手袋代わりにも。

布テープ……………救出資料の梱包用に。その他割れたガラスや書
　　　　　　　　　　　架の一時的補強など，多様に利用できる。
　　食品ラップ…………物をまとめるだけでなく，濡れた資料の梱包に
　　　　　　　　　　　も（凍結乾燥に向けて）。

## 3 分散保存

● 地域資料や特別コレクションなど，保存優先順位の高い貴重資料の分散保存
　複製やデジタル化以外に現物の分散保存も考えられます。ただし，資料が散逸する恐れがあるので，慎重な対応が必要です。

● 自治体刊行物の国立国会図書館への納本
　自治体の刊行物をもれなく国立国会図書館に納本したか，毎年度確認しておきます。

● 自治体刊行物の都道府県立図書館への寄贈
　自治体の刊行物を都道府県立図書館に寄贈します。広く利用に供することができるとともに，資料の分散保存にもなります。

● 資料データの分散保存
　図書館が全壊しデータも失われ，所蔵していた資料の把握ができないケースがあります。また，資料が助かっても，自館で入力した地域資料や特別コレクションの書誌データが失われると，復旧作業に大変な時間を要することになります。書誌データの分散保存は，そのリスクの軽減につながります。

## 4 研修

● 簡単な資料修復，復旧研修の実施

● 資料救助訓練の実施
　手順の確認と同時に，資料救出のための資材（→ p.43 参照）の不足がないかもチェックします。

## 5 災害ネットワークの構築

- 図書館間の災害協定，支援協定
  被災した館からの資料の受け入れや預け入れも考えられます。

- 資料救出，救助について相談できる専門機関，専門家のリスト作成

- 資料補修技術を持つボランティアのリスト作成

- 資料避難の受け入れ先を考える（同一自治体の図書館／自治体内の他施設／都道府県立図書館／姉妹都市，災害協定を締結している自治体／文書館）

- 逐次刊行物の欠号の補充方法
  地震発生時には物流が寸断され，新聞・雑誌の配達が滞ります。欠号をどのように補充するかを考えなくてはなりません。

参考文献▶
『大量水損被害アーカイブズの救助システムと保存処置技術』東京文化財研究所, http://www.tobunken.go.jp/~hozon/rescue/file11a.pdf

# Ⅲ 地震発生

大きな揺れが発生、館内は叫び声が飛び交い、本が落下し書架が倒れ、騒然とした状態になります。その中で、適切に行動し指示を出して、被害を最小限に抑えることが求められます。平常時から地震発生時のさまざまな対応を想定することが大切です。本章でそれをイメージしてみてください。

# 1 人を守るために

●緊急地震速報が作動した場合

　館内で利用者や職員の携帯電話が鳴ります（→ p.31 参照）。

　**「周囲の状況に応じて，あわてずに，まず身の安全を確保する」**ことが基本です。

　利用者に的確な指示を大声で出します。「地震です。本棚から離れてください」等。

＊ただし，緊急地震速報を過信せず，地震が発生したら，的確な判断で行動してください（緊急地震速報が鳴らずに揺れることや，揺れてから緊急地震速報が鳴る場合もあります）。

●利用者に寄り添う

　落ち着いて，しっかりと建物の安全性を伝えます。笑顔も大切です。

　職員やスタッフが落ち着いて対応すれば利用者も安心します。ときには利用者の近くまで行き，声かけをしてください。

　例：「この建物は耐震（免震）構造ですので安全です。館内にいてください。本棚の前からは離れてください」

●避難路の確保（出入り口の開放）（→ p.24 参照）

●大きな声で安全な場所を指示

　あらかじめ決めている安全な場所を指示します。「机の下に入って」，「カウンターの前に集まって」。利用者のわかりやすい言葉で指示を出します。

　　×「書架から離れて！」　⇨　○「本棚から離れて！」

　館内放送が機能するとは限りません。ハンドマイクなどで呼びかけた図書館もあります。

●書架から本は落ち，最悪の場合は書架が倒壊する

　地震の規模や揺れの向きによって，被害は変わります。書架に地震対策が施してあったとしても，それを過信せずに書架から離れることが大切です。また，大きく揺れていても，本を選んだり読書している利用者がいますので，早急に館内の安全な場所に誘導してください。

- 安全な場所への誘導

　あらかじめ決めていた安全な場所へ誘導します。子どもや高齢者，障がい者，女性が優先です。階段や暗い通路を通らざるを得ない状況でも落ち着いて行動してください。トイレや会議室，学習室を見回って，取り残された人がいないか確認します。
（外に出るタイミングは地震の状況や立地によって異なるので，平常時に周囲の安全性を確認しておくことが大切です。）

- ガスの元栓を閉める，ストーブ等の消火

　ガスの元栓を閉めます。近くにあるストーブなどは素早く消火，離れた場所にあるときは揺れが治まってから消火します。

- ガラス窓，蛍光灯，絵画等落下物に注意

　防災ずきん・ヘルメットが役に立ちます。ない場合は，かばんなどを頭から少し離してかかげて持ち，頭部を保護します。

- 館内備品が凶器に

　テレビ，PCモニターが飛び出し，コピー機も動く可能性があります。また，地図や図面を収めている引き出し式の書架の引き出しが飛び出すこともあるので注意が必要です。
　低書架の上に置いているもの（サインや物品）が落下しますので，これにも注意を喚起することが大切です。

- 子ども，高齢者，障がい者への対応

　子どもだけ，高齢者だけの来館には注意が必要です。大きな揺れで立てない，泣いてしまう，パニックに陥ることも予想されます。動揺しないよう，落ち着いて笑顔で話しかけましょう。

- 書庫で地震にあったら

　すぐに書架から離れ，安全な場所に退避してください。
　備えつけのヘルメットやホイッスル（防犯ブザー），懐中電灯などが役に立ちます。

- 貴重書庫の中にいるときに地震が発生したら
  落ち着いて行動し出口を確保します。閉じ込められたり，消火システムが作動したりする場合もあります。

- 自動車を運転中に地震が発生したら（➡参考「運転中にぐらっと来たら？」(p.52)参照）

【図書館外に避難するときの注意】
- 自動車の使用はできるだけ控える
  自動車の利用は控え，徒歩で安全な場所へ避難してください。高齢者や障がい者，子ども，負傷者がいる場合は，道路状況等，自動車の走行に支障がなければ避難所などの安全な場所や病院まで運行します。

- 津波の恐れのある地域は高台へ避難
  地震の状況や収集した情報を踏まえ，最善の方法を即断して避難をしてください。津波避難ビルや高台に避難します。津波は一度だけではなく，何度も襲来します。津波到達時間は地震の大きさ，震源地，地形等によって異なります。自動車での避難は渋滞や思わぬ事故に巻き込まれることもあり，逃げ遅れる結果にもなります。（➡ p.52 参照）

- 土砂災害
  近くに山や高台，傾斜地がある館は，土砂崩れにも注意してください。

- 河川の氾濫
  河川の堤防決壊が懸念されます。大雨が降り続いた後の地震では，地盤が弱くなっているのでさらに注意が必要です。

- 地割れ，液状化
  道路が寸断されるなど，交通障害が予想されます。歩行に注意してください。

- 余震への対応
  余震は繰り返し起こります。大きな揺れが発生することもあるので気をつけてください。

## 避難時の利用者への声かけについて

　最近の災害研究では，パニックというものはあまり起きないということがわかってきています。しかし，次に挙げる4つの条件がそろうと，人はパニックに陥りやすくなります。

❶ 緊迫した状況にあるという意識が人々にあり，多くの人が差し迫った脅威を感じている
❷ 危険から逃れる方法があると思われているとき
❸ 逃げ遅れると，安全は保証されないという強い不安
❹ 人々の相互のコミュニケーションの不足

　避難時には，利用者に声かけをして安心させ，落ち着かせます。場合によっては，周りの人とコミュニケーションをとってもらい，助け合うように促すことも必要となるでしょう。

**参考文献▶**
『人はなぜ逃げおくれるのか　災害の心理学』広瀬弘忠，集英社，2004
『きちんと逃げる。　災害心理学に学ぶ危機との闘い方』広瀬弘忠，アスペクト，2011

## 運転中にぐらっと来たら？　車での避難は安全？

(東日本大震災を例に)

【国土交通省調査結果：震災時に車での移動：信号機停止・渋滞等で時速9km】
【車を置いて避難するとき：緊急車両移動対応のため，鍵は付けておく。】

(1) 緊急地震速報　震度5弱以上　運転中・地震発生
  ❶ あわてず後続車や対向車に注意して，速やかにハザード・ランプを点灯させ減速
  ❷ 車を左に寄せて停止する（あまり端に寄せすぎない。側溝や路肩，柔らかな土の斜面，崖に気を付ける）
  ❸ 揺れている最中に無理に走ろうとしたり，走り続けたりするとハンドルが取られたり，曲がらなくなり事故になる可能性もある。地震がおさまるまで停車。車検証・貴重品を持ち出せるよう準備
  ❹ 情報収集（防災無線が聞こえるように窓を開ける。ラジオをつける，カーナビのチェック⇒海岸までの距離（3km圏内に入らない）
    なぜ渋滞か？　例：信号機や遮断機の故障，鉄道の脱線，交通事故，通勤ラッシュ，工事の可能性がある

(2) 【発令】津波注意報　津波：1m程度
  ❶ 車で移動中⇒海岸に近い場合は，速やかに内陸部に移動（(1)❹の情報収集を行いながら）⇒『津波警報』に備え，渋滞時は車を置いて速やかに避難できる準備をする
  ❷ 車での避難⇒高齢者や体の不自由な人がいない場合は，車の渋滞を招きやすいので，できるだけ車での移動は避ける

(3) 【発令】津波警報　津波：3m程度
  【発令】大津波警報　津波3m～10m超
  ＊気象庁では注意報・警報の津波高の数値や情報提供のあり方を「津波情報の改善について」としてホームページで公表しています。ここでは，その報告に基づいた津波高を採用しました。今後も注意報，警報の改善は進むと思われますので，気象庁のホームページや報道発表を確認して最新の情報を入手してください。(2012.3確認)
  http://www.seisvol.kishou.go.jp/eq/tsunami_keihou_kaizen/index.html
  ❶ 車で移動中⇒海岸から数km以内の場合で渋滞時は，車を道路の左に寄せ，一刻も早く避難する（海岸から3km圏内に入らない）

【避難場所】
◎ 丘・山・高台
◎ 建物（注意：水位上昇で逃げ切れない，建物ごと流される可能性あり。火災発生時は避難困難）
避難するときは，状況をとっさに判断し，臨機応変に対処することが大切。
＊生死を分ける高さ：平均2.9階（生き残った人はこの高さです）
ただし，地域によってはそれ以上の津波が襲ってきています。より高台へ，より高層階を目指すことが大切です。

(4) 知っておきたいこと
❶防災無線⇨地震による機器破損や風向き等，さまざまな要因で聞き取りにくいことがある
❷鉄道の遮断機⇨停電や車両の脱線・故障等，何らかの要因で，鉄道は走らなくても遮断機は閉鎖し続けることがある
❸徒歩や走って逃げても津波に追いつかれてしまう場合もある

(5) 危険行為
東日本大震災では，以下の行動で亡くなった方が多数います。
❶海岸や川に近づく⇨興味本位
❷避難所から出る・帰宅⇨忘れ物・貴重品を取りに行く，安否確認（家族・友人を探しに），時間が相当経過し津波は来ないと自己判断
❸避難所での待機方法⇨車中待機（津波はどうせ来ないだろうと避難施設に入らない）
❹人任せ⇨避難所だから安心・楽観的（個々がラジオ等の情報に耳を傾けない）
❺過去の事例と比べてしまった（前の地震はこうだった，過去の津波はこうだった……だから大丈夫）
❻自分のいる場所は安全だと思って動かない
❼車で逃げれば，津波に追いつかれないという思い込み

参考サイト▶
「東日本大震災津波調査（調査結果）」ウェザーニューズ，
http://weathernews.com/ja/nc/press/2011/pdf/20110908_1.pdf

## ② 建物や設備を守るために

　地震発生時には，人命を守ることが最優先されます。建物や設備が人命を危険にさらすこと，建物や設備自体が大きなダメージを被ることもあります。ここでは，地震発生時に起こる状況を紹介します。図書館に何が起きるのかを理解して，地震後の行動につなげていってもらいたいと考えます。

　地震発生時は，次のような状況が考えられます（地震の規模によっても被害は変わります）。

- 図書等の落下，書架の転倒

- 移動書架の脱線

- ガラスは割れる

- 天井からの落下物（空調ダクト／照明／天井パネル／防煙タレ壁）

- 壁の亀裂・崩落

- 彫刻やモニュメントの倒壊や落下

- 事務室の事務机，キャビネットなどの倒壊

- 絵画（額絵）等の落下

- 展示品が壊れる

- 火災の発生
　　図書館からだけでなく，近隣から出火する可能性もあります。場合により，消火活動を行います。

- スプリンクラーが作動する可能性あり
　　火災発生時にはスプリンクラーが作動します。また，誤作動を起こす

場合も考えられます。誤作動してしまったら、早急な停止を。水が資料にかかった場合は復旧を考えます。
　ただし、そのときの地震の大きさや被害状況を見極めてください。

- 水道管の破損
　水が出て、資料を損壊するかもしれません。冬季には凍結も考えられます。

- 建物の崩落
　最悪のケースですが、老朽化している館は注意が必要です。増改築した場所にも注意してください。

- 液状化による被害
　地盤の隆起・沈下による施設、ライフラインのダメージが考えられます。
＊地震発生時の映像を撮影することもありますが、自身や利用者の安全が優先です。

## ③ 資料を守るために

　地震発生時は人命を守ることが最優先です。資料を守り、復旧させることは、人の避難が完了しすべての安全が確認されてからの取組みとなります。
　ここでは、地震発生時にどのような状況になるかを紹介します。ここから、どのように資料を救出するか考えることが大切です。揺れの大きさや被害状況によっても状況は異なります。

- 書架からの資料落下
　揺れの向きや大きさによっても落下の規模はさまざまです。一部の資料は破損するかもしれません。

- ガラスや蛍光管の破損
　落下した図書にガラス片や蛍光管の破片が降りかかることもあります。天井から大量のホコリやボードが資料に落下することも考えられます。

> **割れた蛍光管の扱い**
>
> 蛍光管が割れると、ガラスの破片の他にランプ内に封入されている水銀と内面に塗布されている蛍光体が飛散します。蛍光管が割れた際には必ず換気をする必要があります。震災時には停電する場合も多く、窓の開かないビルなどでは空調機が動かず換気されません。このような状況で蛍光管が破損したときは、換気ができるようになるまで一時退避した方がよいでしょう。また、図書が開いた状態で破片が飛散した場合には、当該図書は使用禁止とし、ガラス片を取り除きます。掃除機の使用は排気と吸い込んだ破片や蛍光体の処理に注意が必要で、安易な使用はしないよう心掛ける必要があります。
>
> **参考サイト▶**
> 日本電球工業会のホームページ「蛍光ランプガイドブック」第9章
> http://www.jelma.or.jp/05tisiki/pdf/guide_flu_09.pdf

● 水に濡れる資料

　スプリンクラーの作動や水道管の破損、漏水により、資料水損の恐れがあります。

● 津波

　津波ですべての資料が流失してしまう最悪のケースや、床下・床上浸水で資料が汚破損するケースもあります（建物・設備も大きな被害を受けます）。

● 土砂の流入

　土砂崩れや河川の決壊による土砂、泥水の流入によって、汚破損が顕著になります（建物・設備も大きな被害を受けます）。

● 火災

　館内や近隣で火災が発生し、資料が燃える、焦げる、煤が付着することがあります。消火剤や水による消火活動でも資料にはダメージとなります（建物・設備も大きな被害を受けます）。

● 利用者に貸出した資料の被災

　利用者の自宅が倒壊したり，火災，津波被害にあったときには，貸出した資料も被災します。

● 資料を助け出す

　利用者のいない時間帯（開館前，館内整理日，閉館後など）で職員が図書館にいる際に地震が発生したら，職員の避難と平行して貴重資料の救出は可能かもしれません。ただし，平常時の救済計画が策定され，機能している場合に限ります。資料の避難場所を明確にし，二次被害は避けなければなりません。

## ④ 停電時の対応について

大きな地震が発生した場合，停電になる可能性があります。停電になったら図書館は「どうなるか」を左側に，それを「どうするか」を右側に記入してください。

| 〈どうなるか〉 | 〈どうするか〉 |
| --- | --- |
| 例）自動ドアが開かなくなる⇒ | 手動で対応する<br>逃げ道確保のため開放したままにする |

【停電時の対応例】

| 〈どうなるか〉 | 〈どうするか〉 |
|---|---|
| **電気器具関係** | |
| ●照明が消える⇨ | ●懐中電灯の用意<br>　ヘッドランプは便利<br>　非常灯の確認（非常灯は一般的に約30分で消えることに注意）<br>　※手動の発電機，充電器なども用意 |
| ●固定電話，FAXが使えない⇨<br>　（携帯電話も混線で使えない） | ●災害用伝言ダイヤルを活用<br>●災害用多機能ラジオの用意<br>●防災無線の使用の確認，整備<br>●無線機の使用 |
| ●冷暖房機が使えない⇨ | ●保温のための毛布，ダンボール，カイロ等の用意<br>　（毛布は高齢者，身体の不自由な方，乳幼児優先）<br>●電気を使わない暖房器具を導入 |
| ●電気ポット，電子レンジが使えない⇨ | ●保存食は電子レンジやお湯がなくても食べられるものを用意<br>●カセットコンロを用意 |
| ●冷蔵庫が使えない⇨ | ●頑丈な食糧庫として利用<br>●生モノ，冷凍品は状況により廃棄<br>●電気を使わなくても食べることができるものを常備。備えているものによって変わる |
| ●エレベーター，エスカレーターが使えない⇨ | ●停電時の動作確認。非常階段に避難時に妨げとなるものがないか確認<br>●閉じ込められている人がいないか確認<br>●閉じ込められた場合の対策（カゴ内に収納内蔵型のいすを置く。懐中電灯，トイレパック等をしまっておく方法もある） |
| ●パソコン，インターネットが使えない⇨ | ●データのバックアップの確認，整備<br>●パソコン使用中は内蔵バッテリーが利用できればデータを保存してシャットダウン<br>●非常用電源装置の導入<br>●ラジオでの情報収集<br>●携帯電話での情報収集 |
| ●電動書庫が使えない⇨ | ●停電時の動作確認<br>●普段から地震，停電を想定した利用の仕方を考える（防犯ブザーの持ち込みなど） |
| ●玄関などのシャッター⇨ | ●停電時の動作確認<br>●シャッターが下りないときの対応を検討しておく |
| ●電気錠が開いた状態になる⇨<br>　(通電時施錠型,非常口などに事例が多い) | ●停電時，電子錠は開錠されるので，セキュリティに注意 |

| 〈どうなるか〉 | 〈どうするか〉 |
|---|---|
| **上下水道関係** | |
| ●水道水が飲めない⇨ | ●飲み水の備蓄または，ろ過する器具の用意<br>●貯水タンクの活用を考える |
| ●トイレが使えない⇨ | ●簡易トイレの用意，非常時のトイレ利用の訓練 |
| ●手が洗えない⇨ | ●ウェットティッシュ，タオルの用意<br>●手指消毒剤の用意 |
| **ガス器具関係** | |
| ●冷暖房機が使えない⇨ | ●保温のため毛布，ダンボール，カイロ等の用意 |
| ●ガスコンロが使えない⇨ | ●カセットコンロを用意 |
| **図書館の周囲で起こること** | |
| ●信号，街灯<br>　点灯しないため道路が非常に危険 | ●移動は徒歩か自転車で行う<br>　特に交差点に気を付ける |
| **電車の運休** | |
| ●駅に近い図書館には帰宅困難者が来館する。また，避難所や駅に近くなくても，住民が公共施設ということで避難してくる可能性あり（一時避難所として受け入れも考える） | ●バスなどの代替交通機関の案内情報提供<br>●避難所として機能するか早急に判断する |
| **利用者が混乱する** | |
| | ●正確な情報提供，声かけ<br>　ハンドマイクや肉声で正確にハッキリ |

Ⅲ 地震発生

## 【計画停電時の対応】

　東日本大震災後，首都圏を中心に計画停電が実施されました。計画停電が実施された場合，図書館でも対策が求められます。例えば，次ページの事項の確認・調整が必要です。また，大口契約をしている施設は，電力不足を理由に節電が義務づけられることもあります。

- 情報提供施設であることを考慮し極力開館をする

- 職員の出勤の可・不可の確認

- 計画停電時のエリア，停電予定時間の確認

- サーバーの電源（停止・立ち上げの方法と時間）の確認

- 図書館の対応についての広報（ホームページや臨時館報，行政のホームページ）

- ホームページの移設（レンタルサーバー等へ）

- 行事の中止や延期

- 電力不足時における節電のため休館日の増加，開館時間の短縮

＊休館措置や行事の中止，縮小はやむを得ない場合のみに適用してください。休館措置で利用者に不安や誤解を招くことのないような配慮や工夫も必要です。

## 電気器具に注意

　図書館ではあまり利用がないかもしれませんが，アイロン・ドライヤー・電気ドリルなどの電気器具を使用中であれば，コンセントから抜いておきます。送電が再開されたとき，破損したコードや電気器具が火災・事故の原因になるからです。また，家庭では停電時に避難・外出する際は分電盤のブレーカーを切ってから出かけましょう。

# Ⅳ 地震後の行動

地震後、さまざまな状況が図書館を襲います。
それは今まで経験したことのないものです。
それでも、動揺することなく周囲の人たちと力を合わせ、"生き抜く"ことが大切です。
参考になる事例をまとめましたが、大切なことは図書館でのあなた自身の行動と組織としての図書館の対応が的確であることです。

# 1 人を守るために

常に落ち着いて、平常時に決めた行動や訓練のことを思い出し、的確な指示や行動を心掛けます。

### ● 安否確認

利用者，職員の安否を確認します。負傷者やパニックになっている人のケアが必要になります。

### ● 安全な場所への避難・誘導

避難が必要と判断した場合は速やかに安全な場所への避難を行います。落ち着いて行動してください。

児童・生徒だけで来館していた場合，周囲の安全が確認できるまでは帰宅させず，安全な場所への避難誘導に努めます。高齢者や障がい者への対応も同様です。

### ● 逃げ遅れた人がいないかの確認・誘導

棚と棚の間，散乱した本の中，書庫，トイレ，地下など，館内の確認をします。会議室や学習室，朗読室などの利用者やボランティアだけの部屋の確認は重要です。

### ● 行動は常に複数で行う

館内での作業や安否確認，夜間，役所などに行くときは複数で行動します。ヘルメット，ホイッスル，ラジオ，懐中電灯，無線機を携帯します。

### ● ケガ人が発生した場合 (→ p.65 参照)

応急処置をします。医師や看護師，保健師が周囲にいれば，その指示に従います。救急車や病院に連絡をとりますが，大きな地震の場合は，通信網の寸断や道路の混乱なども予想されます。

### ● NTT 災害用伝言ダイヤルの活用 (→ p.32 参照)

● 避難後，館内に戻るときは

　利用者の貴重品，ロッカーに入れたものなどを取り出すため館内に戻ることもあります。建物や周囲の安全性が確認されてからの行動になります。その際は複数で行動してください。余震に注意し，決して無理をしないでください。

　館内に入れないと判断した場合は，利用者それぞれに品名を書いてもらい後日取りに行くことになります。図書館の防犯（空き巣）対策にも注意する必要があります。

● 開館を続けるか否かの判断　➡　事業継続計画に基づく（➡参考　p.100 参照）

　建物や周辺地域のダメージを把握し，できる限り開館し情報提供に努めます。

### 情報提供に注意

　情報を提供することは大切ですが，正確な情報を提供しなければなりません。

　アメリカのシンシナティ市の郊外で発生したビバリーヒルズ・サパークラブの火災では，店員が客のパニックを恐れるあまり，「ボヤだから心配ない」とクラブ内に伝えました。しかし，この報告により安心した客は，結局逃げるタイミングを失い，164 人が亡くなることになりました。

　この事例のように過少に被害を伝えるほかに，災害時にはデマなどの根拠のない情報が流れることもあります。情報提供には注意が必要です。

**参考文献▶**
『人はなぜ逃げおくれるのか　災害の心理学』広瀬弘忠，集英社，2004
『きちんと逃げる。　災害心理学に学ぶ危機との闘い方』広瀬弘忠，アスペクト，2011

- 地震情報の提供

　停電や電話不通のため情報の提供方法が限られます。その中で正確な情報提供を心掛けます。ラジオや役所からの情報をきちんと伝えます。根拠のない情報やチェーンメールにまどわされないようにします。

- 地域内の図書館の情報収集

　地域内の図書館の被災状況の確認を行います。一斉送信メール，緊急連絡網等を用い，他館の人的被害や建物被害がないか情報を収集，発信します。これは，都道府県立図書館や災害コーディネーター（→ p.104 参照）が中心となって行うとよいでしょう。また，必要な物資や人的支援の有無も聴取します。

- 被災者の受け入れ

　被災した住民が「図書館は安全なのでは？」と避難をしてくる可能性があります。図書館が避難所になっていれば受け入れてください。そうでない場合は近くの避難所を案内してください。そのためには図書館と避難所間の連絡を円滑にして，被災者に正確な情報を提供する必要があります。避難してくるのは住民だけではありません。観光やビジネスで訪れた人たちもいます。

- 自治体職員として（人の心を守る，大切にする）

　地震後，自治体職員として図書館とはまったく異なる業務を担当するかもしれません。行方不明者の捜索，避難所の運営，援助物資の配給，り災証明や被災証明，住民票の発行などです。さらには自分自身がつらい思いをしたり，ショッキングな場面に出くわすなど，図書館の業務とは異なる空気がそこには流れています。被災した住民は疲れきり，どこにもやり場のない怒りを自治体職員にぶつけることもあります。それらをしっかり受け止めて，住民の心を受け入れることも大切です。同時に，自身の心のケアも考えてください。

参考サイト▶

『1000時間後のあなたへ～東日本大震災で頑張ったあなたへ～』公務員連絡会地方公務員部会
http://www.shinsugok.com/research/images/after1000hour_manual.pdf
『自己チェック～燃え尽き症候群の気配～』公務員連絡会地方公務員部会
http://www.shinsugok.com/research/images/burnout_check.pdf

> 参考

## 館内で倒れている人，ケガ人が発生したときの対応例
（これは，対応の一例です。救急救命法の受講を勧めます。）

**意識を確認**
意識がなければ大声で人を集めます。また，医師・看護師などがいないか呼びかけます。

→ **安全な場所へ移動させる**
むやみに移動させないのが原則ですが，そこが危険な場所であれば複数で（患者に負担がかからないように）移動させます。

↓

**救急車・AED の手配**
救急車を呼ぶ人，AED を用意する人を指名します。

心臓が止まっている人には →

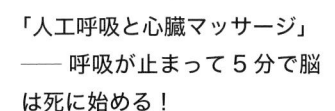

↓

**「人工呼吸と心臓マッサージ」**
── 呼吸が止まって5分で脳は死に始める！
心臓が止まっている人を助けるためにまず大切なことは，心臓が再び動き始めるまで脳に血液（酸素）を送って，脳を守ることです。人工呼吸と心臓マッサージによって全身に酸素を送り込みます。

**「AED（電気ショック）」**
── 心臓が止まって10分で死んでしまう！
心臓が止まっているとき，なぜAED（電気ショック）が有効なのでしょうか。心臓が止まっているときは多くの場合，心臓がケイレンしているような状態になっています。そこでAED（電気ショック）でそのケイレンを止めてやることにより，再び鼓動を取り戻すことができるのです。心臓が止まってから10分もたてば，助かる可能性はほとんどなくなってしまいます。
あなたの図書館のどこにAEDが置いてあるかわかりますか？

Ⅳ 地震後の行動

## AEDの使用〜対応手順

① 気道の確保－口内確認，頭を下げて，アゴを上げて
② 呼吸の確認－見て・聞いて・感じて
③ 呼吸がない場合，人工呼吸開始
　2回吹き込む。2秒かけて，胸が動く程度に
　＊感染防止のためにポケットマスク，ゴム手袋などの感染防護具を，「救急箱・非常用持ち出し袋」などに準備する。また，AEDの箱の中にポケットマスクが入っている場合もある。
　＊人工呼吸ができなくても，心臓マッサージだけでも酸素補給の効果があるといわれているので，心臓マッサージだけでも行う。
④ 動きの確認－息・せき
⑤ 動きがなければ，心臓マッサージ開始
　胸の中心を30回，脳に血液を送るイメージを持って押す
　小学生以下の子どもは片手で行ってもよい
　乳児の場合は2・3本の指で行う
⑥ その後，人工呼吸2回と心臓マッサージ30回を繰り返し行い，定期的に動きを確認する
　＊数人で役割を分担するとよい。
⑦ AEDが到着したら，使用開始（AEDの音声案内に従い操作）
　＊1歳以上に使用可。
　ステップ1　電源を入れる
　ステップ2　パッドを装着
　ステップ3　自動解析→自動充電
　ステップ4　音声指示に従い放電。または，放電の必要がなければ心臓マッサージを続けて様子を見る。
　＊水は禁物－感電に注意。水分（汗など）は拭き取る。雨が当たる場所では屋内に移動させる。
　＊密着させる－湿布・薬剤などは取り除く。胸毛が邪魔ならテープなどで除去する。
　　（AEDの箱の中にカミソリが入っている場合もある）
　＊金属は避ける－あたりに金属はないか確認。金属アクセサリーははずすか，できるだけ離す。
　＊ペースメーカー（胸に何か埋め込んであるときは注意）から約3cm以上離す。
⑧ その後，動きがなければ人工呼吸と心臓マッサージを5サイクル行い，再度AEDを行う
　救急車が来るまでこれを繰り返す
⑨ 救急車が到着したら，状況を報告する

参考

### 大出血している人には
⬇

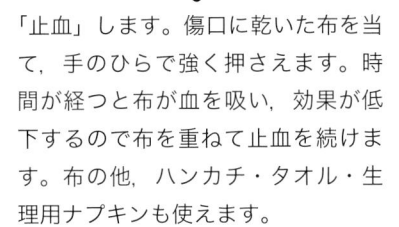

「止血」します。傷口に乾いた布を当て，手のひらで強く押さえます。時間が経つと布が血を吸い，効果が低下するので布を重ねて止血を続けます。布の他，ハンカチ・タオル・生理用ナプキンも使えます。
＊血液に直接触れないようビニール袋やビニール手袋を「救急箱・非常用持ち出し袋」などに準備しましょう。

### 骨折している人には
⬇

動かさない，戻さないのが原則です。むくみが出るため，靴や靴下，窮屈な衣類は脱がすか切り開きます。患部に添え木（なければ新聞紙・雑誌・ダンボール・カサなど）を当てて固定します。

### やけどをしている人には
⬇

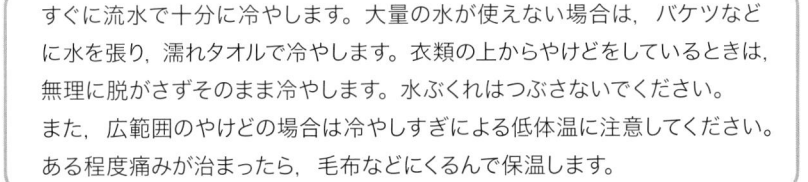

すぐに流水で十分に冷やします。大量の水が使えない場合は，バケツなどに水を張り，濡れタオルで冷やします。衣類の上からやけどをしているときは，無理に脱がさずそのまま冷やします。水ぶくれはつぶさないでください。また，広範囲のやけどの場合は冷やしすぎによる低体温に注意してください。ある程度痛みが治まったら，毛布などにくるんで保温します。

## 対処法を正しく理解しよう！

対応例は以下の文献，サイトを参考にしました。この他にも図書館で起こり得るケガや病気についての対処法の理解や，必要なものを揃えておくとよいでしょう。先述したように，あくまでも参考です。救急救命法の取得やAEDの操作講習を受講してください。

**参考文献・サイト▶**
『地震 停電 放射能 みんなで生き抜く防災術』小学館防災チーム，小学館，2011
『震災から身を守る52の方法－大地震・火災・津波に備える』レスキューナウ，アスコム，2011
『あなたが助ける！新しい救急蘇生― AED電気ショックがいのちを救う！』メディカ出版，2004
『応急処置マニュアル（生活密着情報内）』総務省消防庁，
http://www.fdma.go.jp/html/life

Ⅳ 地震後の行動

## ② 建物や設備を守るために

### ● 大地震の場合

　地震後，建築の専門家が個々の建築物を直接見て回り，「応急危険度判定」を行います。被災した建物の見やすい場所に，緑（調査済），黄色（要注意），赤色（危険）の3色のステッカーを判定に応じて貼り，歩行者等に建物の危険性について情報提供するものです（り災証明のための調査や，被災建築物の恒久的使用の可否を判定するなどの目的で行うものではありません）。

　判定後は建築の専門家の指示に従い，館内の立ち入りの可否や復旧作業を検討します。

参考サイト▶
財団法人　日本建築防災協会　http://www.kenchiku-bosai.or.jp/

### ● 建物の復旧

　あらかじめ策定しておいた復旧の手順に基づき作業します。地震の規模や被害状況によって手順は変わります（復旧不可能なケースも出てきます）ので，建築の専門家への相談や協議は不可欠です。

### ● 応急処置

　二次被害が起きないよう，応急処置を行います。ブルーシートを資料や室内にかける程度のものから，業者による工事など規模はさまざまです。建築の専門家との協議も大切です。余震や建物の安全性を十分考慮して行ってください。

### ● 安全確認

　火の元や館内の配管（上下水道・電気）の確認をします。水道管は冬季の凍結に注意します。

### ● 防犯体制の確立

　図書館が被災し利用ができなくなった場合や夜間は，警察の巡回等を依頼します。

## ③ 資料を守るために

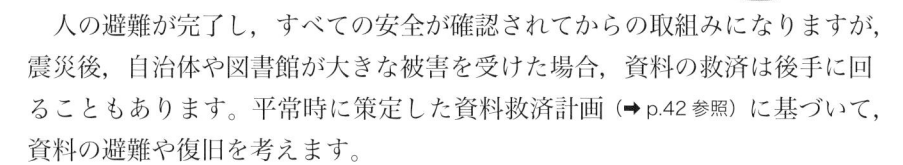

人の避難が完了し，すべての安全が確認されてからの取組みになりますが，震災後，自治体や図書館が大きな被害を受けた場合，資料の救済は後手に回ることもあります。平常時に策定した資料救済計画（➡ p.42 参照）に基づいて，資料の避難や復旧を考えます。

- あらかじめ決めた優先順位の高い資料から救出する

- 必要に応じて，あらかじめ決めた専門機関や専門家に連絡する

- 被災時より状態を悪化させないようにする

- 落下したり，下敷きになった資料が，それ以上傷んだり変形したりしないよう仮整理する

　安全な場所への退避や資料の仮置き場を探します。資料にはブルーシートをかけ，水や埃から保護します（余震や復旧工事等で被災後に損傷させない対策）。

- 早急に対応しなければならないのは水損資料である

　水損資料は 48 〜 72 時間でカビが発生する恐れがあります。できるだけ環境のよい安全な場所に退避させ，早急に応急処置を行います。

　もし大量に被災し，時間内に処置が行えない場合はいったん冷凍保存して真空凍結乾燥法により復旧させる必要があります。津波などの水害によって大量に被災する可能性のある図書館は，あらかじめ専用の冷凍庫を提供してくれるところ（外部）を準備しておく必要があります。

　なお，応急処置に必要な物品は以下のとおりです。

- 吸水紙（コピー用紙，吸取紙，キッチンペーパーなど）
- 重し（ブロック・漬物石ほか何でも）
- 資料を挟む板（代用できるものなら何でも）
- タオル
- 消毒用エタノール，スプレーボトル（霧吹き）
- マスク
- 扇風機（サーキュレータ）

Ⅳ　地震後の行動

- 割れたガラスや蛍光管が降りかかった資料は，ケガに注意しつつ，別置する

　割れたガラスや蛍光管の破片でケガをしないよう，軍手やマスク着用で作業します。

　蛍光管が割れた場合はまず換気をすることが大切です。換気が済むまでは立入禁止の措置をとります。　　　　（→「割れた蛍光管の扱い」(p.56) 参照）

- 資料の廃棄，保存の判断

- 簡易な修復

　作業が可能な場合は，できるところから取組みます。本の間に入ったゴミ，ガラス片，割れた蛍光管の破片等は除去します。軍手やハケ，マスクが役に立ちます。早急に対応が必要な水損資料以外の修復については，被害状況をみて，順次対応すればよいでしょう。

- 利用者が借りている本の措置

　津波・火災・家屋の倒壊や利用者の死亡・行方不明等で返却が不可能な場合は返却免除もやむを得ません。地震が原因となる汚破損の激しい図書が返却された場合は，弁償の措置をとらずに処理し，修復が可能か否かを判断します。

- 廃棄，汚損・破損資料の再入手

　購入，寄贈，複写，複製などで，資料を再入手します。希望する資料のリストなどを作りインターネット等で呼びかけることも必要です。

- 防犯体制の確立

　貴重資料が館内に残っている場合は，盗難を防ぐためにも，安全な場所への早めの避難や，関係者による巡回などを行います。

- 他の自治体・関連機関からの救援や救援ボランティアの調整

　事前に取り決めた関連機関との情報交換を密にし，資料の救済を依頼します。また，全国の各機関から資料救済の申し出がありますので調整が必要です。被災した資料は現地で救済するほか，各地に送り救済する

こともあります。

● 大地震によって建物被害が甚大なとき

建物の安全性が確保できず立ち入りができない場合は，保管場所の安全や防犯体制を確認し，建築の専門家と協議の上，方針を定めます。保管場所に入れる場合は複数で行動し，資料を救出します。

● 大規模余震や周辺の環境悪化が明らかになった場合

原子力発電所の事故や化学工場の事故，火災，地震と連動した噴火，地滑り，土砂災害，河川の氾濫などが発生し，図書館に危険が生じたときは，貴重書の疎開を早急に考えなくてはなりません。

## ④ 記録を残す

災害によって多くの資料が失われます。資料の救済と同時に被害の大きさや悲惨さを風化させないためにも，災害直後から発行される資料を収集することが大切です。

● 震災に関する資料の収集（役所からのお知らせ，新聞記事，ボランティア通信など）

役所が発行する文書や広報，新聞記事を収集します。自治体内やそれ以外の場所でも，復興に関する通信や案内が発行されます。それらを収集することも大切です。被災して取組むことが困難な場合は，ボランティアや他図書館に協力依頼をすることも考えます。

● 地域の被害記録を残す

図書館の被害状況とともに，地域の被害状況をカメラで定期的に記録します。
（➡巻末の参考サイト「6. 記録を残す」(p.120) 参照）

## 5 原子力発電所の事故を考える

　近隣に原子力発電所がある場合，その事故も考慮します。原子力発電所に限らず，石油・ガス備蓄タンク等がある場合も対応を考えておきます。

- 正確な情報を収集し提供する

- 館内にとどまるのか逃げるのかの判断

- 地域全体の避難

　　原発事故によって，自治体すべてが避難対象地域に指定されることもあります。図書館はすべての機能を停止し，避難先で臨時図書館を開設する方法も考えます。

- 資料

　　貴重書や持ち出し可能な郷土・地域資料は，避難可能であれば避難します(散逸しないよう細心の管理が必要です)。持ち出しができなければ，リスト（目録）を作成し再収集します。

- 職員体制

　　避難先での資料収集や情報提供等を行いますが，自治体職員としての生活支援業務が重要視され，図書館に関する業務に就くことは難しいかもしれません。ボランティアや他自治体職員等の支援に頼らなければならない場面も出てきます。

- 資料や図書館の除染

　　汚染された資料は除染，代替（媒体変換など），廃棄の方法を専門家と相談します。また，建物の除染も専門家と協議し，自治体で行います。

## 6 被災者・避難者の受け入れ

　自治体が避難者を受け入れたときは，防災担当部署と連携し，避難所を訪ね図書館利用を呼びかけます。ホームページ等での呼びかけも行いますが，

肉声で図書館利用を伝えることが効果的です（避難されているすべての方が，パソコンを使い慣れているとは限りません）。

- 生きるための資料・情報を提供

　生きるために必要な資料，情報を積極的に提供します。政府からの情報，自治体や関連機関からの支援情報，支援に関連する図書を提供するほか，避難先での生活に役立つ資料（公共施設や医療機関，商店に関する資料，各種広報誌，タウン紙，折り込み広告等）を用意し配布します。ブックリストも作成します。

　一人で静かに本が読める環境を提供することも大切です。

- 避難者の地元の資料を収集，提供

　地元新聞や郷土資料，観光パンフレットを収集，提供します。

- 避難者受け入れの記録や資料を収集

　受け入れ自治体の避難者向けの通知や広報，写真，受け入れ会場の資料等を収集します。事態の収束を待って，関係資料を被災自治体の図書館へ提供してもよいでしょう。

●「被災地からの避難者」へのサービス計画（例）

| サービス事項 | 備　考 |
| --- | --- |
| 図書館利用の呼びかけ | ホームページやチラシ，説明会等で図書館利用を呼びかける |
| 被災地の情報提供 | 被災地の新聞・自治体情報を提供する |
| 利用案内・図書リストの配布 | 避難所で図書館サービスをPR，来館を促す |
| 図書館行事の紹介 | 避難者も参加できることを周知する |
| 利用者登録 | 現在の仮住所地で登録を受け付ける |
| 団体貸出 | 避難所に有益な本を団体貸出する |
| 寄贈本，リサイクル本の提供 | 避難所に有益な本を寄贈する・住民に寄贈を呼びかける |
| 児童サービスの提供 | 避難者もブックスタート事業の対象とする |
| | 避難所で出張お話会を行う |
| 障がい者サービスの提供 | 避難所の障がい者へ宅配サービスを行う |

Ⅳ　地震後の行動

# 7 被災地支援のあり方～図書館にできること～

## 1 一般的な支援～物資を送るとき～

　災害発生時はあらゆる物や情報が不足します。そして，時間の経過とともに被災地では必要な物資や人材は変化していきます。そのような中で，的確に情報を把握し，支援者と被災地をうまく結びつけていくことが理想です。

　「救援物資」⇨生死にかかわる物資
　　　　　（一刻を争うもの：医療・医薬品，燃料，
　　　　　　新聞等の情報等々）
　「支援物資」⇨生きていくための物資
　　　　　（「救援物資」のほかに人が生活していくうえで必要なもの）
　　※ここでは，わかりやすくするために，あえて区分し表現をしています。

　現実問題として被災地が「○○がほしい！」というと，置き場所もないほど山のように送られ，丁寧にお断りしたところ，支援者が電話越しに怒り出す場面も……。また，ある自治体では，衣料品が山のように送られ，いざ開けてみると染みの付いたもの，毛玉だらけのものばかり。「救援物資」の段階では必要であっても，「支援物資」の（復旧から復興へ向かった）段階では残念ながら必要ではありません。また，個人が個別にいろいろなものを詰めて被災地に送ることが多くあり，現場ではその仕分けに追われ，疲弊する声も聞かれました。

　では，支援したい人たちの好意が有効になるためにどうしたらよいでしょうか。東日本大震災では官民問わず多くの団体やNPO法人が，資金や物資・人の調達を被災地と調整してきました。災害発生時，何かしたい！と思い立った人はぜひ，このような機関を通じて支援ができることを覚えておいてください。

　特に図書館の復旧・復興面で，被災地と支援者の情報・人・物の調整連絡を的確に行ってきた団体「saveMLAK」は，今後の非常時の発生においても期待される組織であり，頼もしい存在です。

　歌手の松山千春さんがラジオで語った言葉を紹介します。支援の参考にしてください。

> 知恵がある奴は知恵を出そう。
> 力がある奴は力を出そう。
> 金がある奴は金を出そう。
> 「自分は何にも出せないよ」っていう奴は元気出せ。
>
> 2011年5月3日
> 東日本大震災について●松山千春さんの言葉

## 2 本による支援 ～本が支援物資となるために, 本を支援物資とするために～

### (1) 個人で行う場合

　先にも触れたとおり，支援団体（ホームページや新聞などを通じて募集を行っています）を通じ支援することがベストです。個人で被災地に物資や本を送ることは，現地での仕分けの手間，置き場所（ストック）の確保が難しい等，効率的ではないことを理解してください。また，被災地に直接問い合わせをすることは復旧への妨げにもなりますので，行わないようにしてください。

### (2) 団体・組織で行う場合

　本を集めるときは，発送先（被災地の具体的な施設名）を個人に明示しないことがポイントです（個人が被災地に直接連絡してしまい，混乱するからです）。現地からの要請を把握し，情報収集を行い，求められているジャンルやタイトルを提示して寄付を募ります。児童文学全集，百科事典，美術全集の寄贈の申し出が多いと思いますが，よほどの理由がない限り，被災地では不要です。

### (3) 支援物資として～本の収集・提供にあたり

　104ページで紹介する災害コーディネーターが行うとよいでしょう。
　❶支援している団体を把握します（例：ユニセフ→避難所・図書館・小・中学校に各1箱〜4箱程度／各地域の書店組合・自治体・民間団体→図書館・小・中学校に各2千〜1万冊）。被災地の要望に応じて不足している資料を集め提供するよう調整します。自治体によっては，支援物

資の収集所に置かれてしまい，各施設にうまく配本できていないケースがあるので発送時に注意が必要です。

自分が読んだ本や発行の古いもの，購入から1年以上経過した本は支援物資には向いていないことを示します。

❷被災地に余計な負担をかけないためにもニーズに合わない本，供給過剰な本，出版年数の相当経過した本等は，送らずに返却・廃棄するケースがあることを告知し，それを前提に募集を行います。被災地から具体的に要望のあった本を中心に呼びかけてもよいでしょう。

❸送られてきた本の分野・内容や程度（新本・新古書・今後の継続等）を把握し仕分けを行います。また，発送の経費，運送会社が運搬可能かどうかを確認します（地震・津波により営業所が被災し配送が不可能な場合もあります）。

❹現在どこにどのくらい，本が必要か情報収集をします（例：避難所○○冊，仮設住宅集会室○○冊）。環境は刻一刻と変わり，ニーズも変化していることを忘れないでください。

❺避難所設置から1か月以上経過してから本を送る場合，❹の対応を考慮します。

＊雑誌・パンフレット等も同様です。

> **Point**
>
> ### 有効な支援のあり方
>
> 支援者が被災地に本を送るには，直接本を送るほかに，被災地の書店を通して本を送る方法もあります。これなら被災地の商店の復興に協力することができ，同時に新刊を被災地に送ることもできます。また，図書カードを送ることや，各自治体が実施している「ふるさと納税」，寄付金等を活用することもできます。ただし，現金支援は，歳入処理⇒議会承認⇒予算執行の事務手続きがあり，時間を要することを理解しておくことも必要です（被災地では事務処理が膨大なためです）。そして，現金を送るときは「図書資料の購入に使ってください」，「子どもたちのために絵本を買ってください」等目的を添えないと，義援金扱いになってしまいます。

【求められる図書のジャンル】
❶避難所設置から1か月以内は，絵本や漫画，クロスワードパズルなど軽めの本
❷心の安定のために（絵本，児童書，軽い読み物・推理小説・時代小説など）
❸気分転換のために（雑誌，クロスワードパズル，折り紙，あやとり，だじゃれ，迷路など）
❹情報収集のために（電話帳，住宅地図，道路地図，住宅リフォームなど）
❺生活建て直しのために（運転免許証・保険証の再発行，税金の支払い，電話・電気の契約停止，二重債務・債務処理関係）⇒各種手続きをまとめたリストや資料
❻避難所生活の進め方（運営）や環境衛生改善などの本
❼支援物資の有効活用のための資料
（例：毛糸と編み棒が送られて来たけれど，編み方がわからない。見たことのない食べ物が送られて来たけれど，調理方法がわからない。）
❽ふるさとの思い出に⇒地域資料や郷土の写真など

東松島市図書館に贈られた支援図書

【図書の装備は必要？】
　被災住民に図書を気持ちよく利用してもらうなら，ブックコートをして発送するのもよいことです。このとき，図書装備メーカーに用品の協力を要請し，装備ボランティアを図書館で募集し，装備後，被災地に発送することも考えられます。被災地では非常に喜ばれます。

## 3 被災地の図書館への支援例

　平成23年度東京都多摩地域公立図書館大会「震災と図書館〜被災地支援のあり方，図書館にできること〜」の講演・事例発表から，東日本大震災における被災図書館への支援例を紹介します。

### ■日本図書館協会（JLA）
●東日本大震災対策委員会「Help-Toshokan」を立ち上げ，4期にわたる支援活動を実施（2012年1月末現在）

1　第1期（2011年3〜5月）
　❶気仙沼市図書館（宮城県）を中心とした被災地への読書提供
　　（協力：気仙沼市図書館，大震災出版対策本部，日本化学会，日本ブッカー）
　　下見，第1次〜4次　延べ19日間の活動，延べ49名参加
　❷被災地への公衆送信による著作物の提供
　❸電子書籍を活用した東日本大震災復興支援サイト
　　（協力：日本ユニシス）　https://www.libeaid.jp/jla/
　❹JLAホームページに「東日本大震災」のページ開設（日本語・英語）

2　第2期（2011年6〜8月）　東北全体への支援の拡大
　❶支援情報交換会
　　6月11日　岩手，宮城，福島の各県立図書館担当者と東日本大震災対策委員会委員
　❷「東日本大震災に関する図書館支援窓口」開設
　　支援を必要とする図書館と図書館への支援を行う人・図書館などを結ぶ支援サイト
　❸震災復興関西ワーキンググループ
　　震災復興プラン作成のためのグループ（関西のJLA役員が中心）
　❹修理（JLA資料保存委員会と協力）
　　修理ボランティア養成講座開催
　　茨城県立図書館で図書修理ボランティア
　❺移動図書館車の再活用（協力：日本外交協会，Sapesi-Japan）
　　三島市（静岡県）の移動図書館車「ジンタ号（3世）」を気仙沼市図書館で活用（7月27日）

❻大活字図書の被災地図書館への寄贈（協力：大活字普及協会・日本ブッカー）
50冊×39館
❼日本新聞協会を訪問　東日本大震災被災地の新聞についての協力依頼
常備新聞の欠号補充事業開始（協力：日本新聞協会）
❽フィルムコーティング講習会（東松島市図書館，南三陸町（宮城県））
（協力：日本ブッカー）
❾矢吹町図書館（福島県）図書2,400冊の蛍光管片除去（➡ p.81参照）
❿被災地図書館職員の全国図書館大会参加助成
⓫国際図書館連盟（IFLA）サンファン大会（プエルトリコ）
8月14日　分科会「震災からの復興」で日本の震災状況について報告（国際交流事業委員会）

③　第3期（2011年9〜12月）
❶2次避難者のため『福島民友』・『福島民報』を希望する公共図書館へ寄贈（2011年11月〜2012年3月）各25部（50館分）
❷移動図書館車の再活用
岩見沢市立図書館（北海道）の移動図書館車「あおぞら号」を名取市図書館（宮城県）で再活用（9月28日）
❸第97回全国図書館大会多摩大会シンポジウム「Help-Toshokanから，ともに目指す復興へ」（10月13日，東京・調布市）
パネリスト：岩手県，宮城県，福島県の各県立図書館と気仙沼市教育長
❹資料保存委員会による補修・修理研修会
10月17日　筑西市立図書館（茨城県）
11月24日　福島県高等学校司書研修会県南部会
❺「製本講習会」開催（協力：茨城・福島・宮城の各県立図書館，キハラ）
❻展示会用被災地図書館の写真パネルの貸出（継続中）
❼「男はつらいよ」上映会実施（協力：松竹）
10月29日〜30日　気仙沼市
11月5日　大船渡市
❽東日本大震災図書館支援情報交換会開催（9月26日）
第1部　岩手，宮城，福島の各県立図書館担当者と東日本大震災対策委員会委員
第2部　第1部参加者＋国立国会図書館，文部科学省，大震災出版対策

本部，図書館振興財団，シャンティ国際ボランティア会，saveMLAK
❾東日本大震災被災地図書館に対する支援情報交換会
11月28日　国立国会図書館，saveMLAK，震災対策委員会委員

[4] 第4期（2012年1～3月）
移動図書館車の仲介，被災地図書館写真の貸出，被災地図書館を実際に訪れる取組みなどを行うほか，団体・企業との連携，協力などを継続する。また，国・文部科学省への要請・提言を行うための資料作成，要望案の検討も行っていく。
❶施設委員会　第33回図書館建築研修会「東日本大震災に学ぶ」
1月19日～20日
❷「Help-Toshokanツアー"東北を知ろう～岩手県沿岸部を巡る2泊3日～"」 図書館訪問を交えながら岩手県沿岸部を巡る
1月21日～23日

## ■立川市図書館＆立川書籍商協同組合
◉「絵本を届けよう！～立川市図書館から石巻市図書館へ新しい絵本を～」
2011年10月27日～11月30日
　立川市図書館では，日本図書館協会を仲立ちとして，石巻市図書館（宮城県）から「新しい児童書が欲しい」との要請を受け，立川書籍商協同組合の協力のもと「絵本を届けよう！」というプロジェクトを立ち上げました。主旨に賛同いただいた方には，図書館で選んだ絵本を購入してメッセージカードとともに，立川市内の図書館へ届けてもらい，それらをとりまとめて石巻市図書館に送るというプロジェクトです。
　1,200冊を目標としていましたが，最終的には2,151冊集まりました。
　❶図書館と書店の共同事業
　　書店でもこの事業をPR。特集コーナーに対象の本を置き，購入者がそのまま書店から寄贈できるように対応してもらいました。多くのメディアにも取り上げられました。
　❷専用ブログの立ち上げ (http://tachikawalibrary.blog.fc2.com/)
　　収集本が偏らないようにブログに収集状況を公開するとともに，足りない資料の寄贈も呼びかけました（これによりバランスよく収集できました）。

❸支援の目的が明確
　このプロジェクトは「自分で買った本がメッセージとともに直接支援したい人に届く」という，目に見える支援となっていることが成功の理由でした。

■NPO法人 共同保存図書館・多摩（通称：多摩デポ　http://www.tamadepo.org/）
●福島県矢吹町図書館の図書資料の蛍光管ガラス破片の除去
1　2011年6月30日～7月1日　矢吹町図書館で作業　人員10名
2　2011年9月6日～10月10日　多摩地域内会員宅で作業　人員73名
　（延べ200名）
処理冊数：約2,400冊
　矢吹町図書館は地震によって大きな被害を受けました。書架の転倒と同時に多くの本が落下し，天井の蛍光灯も落ちてその破片が本に降りかかりました。これらの本は破片を除去しなければ使用できず，ページを1枚1枚めくり刷毛で破片を除去していましたが，所要時間は1冊あたり10～20分。対象資料約4,000冊のうち最初の訪問では400冊弱の処理に留まったため，東京の会員宅で作業を提案，その後57箱約2,000冊の資料をレンタカーで運び込んで作業しました。（→割れた蛍光管の処理については，p.56参照）

❶機能分担
　日本図書館協会のHelp-Toshokan活動の一環として実施。協会と連絡をとりつつ，作業については多摩デポが支援先と相談しながら行いました。コーディネーター役と実働団体が機能分担して効率よく動くことができました。
❷条件整備
　被災した大量の資料を遠隔地に運ぶにあたり，送り出し側と受け入れ側双方が協議し，信頼関係を築き条件を整えたことで実施することが可能になりました。
❸知恵を絞って支援の形を考える
　たとえ被災地に足を運べなくても支援できることはある，支援できる人もいる。支援が必要なところが声をあげ，支援できるところが一緒になって知恵を絞れば，いろいろな支援の形ができるはずです。

Ⅳ　地震後の行動

このほかにも姉妹都市との交流を生かしたり，指定管理者のネットワークを利用した被災地の図書館支援例が報告されました。行政と民間，行政と指定管理者など多くの壁を乗り越え，力を合わせて支援に取り組む姿にはさまざまな支援策のヒントがありました。これからも創意工夫して被災地の支援に取り組んでいきましょう。

## 8　事例紹介：各館の地震発生から今まで

　東日本大震災地震発生時から6か月後までの各地の図書館の対応について，本書編集チームのメンバーを中心に報告します。

### 1　被災地：東松島市図書館（宮城県）　　●加藤孔敬
主な出来事・行動記録

※コミセン〜避難所となった市コミュニティセンターの略称

| 月日 | 主な出来事［市］ | 主な行動等［担当避難所・図書館・個人］ |
|---|---|---|
| 3/11<br>発生<br>当日 | 【14：46　地震発生】<br>ライフライン停止<br><br>【下記作業：約1時間要す】<br>図書館：利用者・施設の安全確認等作業<br><br>避難所勤務　3/11〜5/13<br>【16：00頃　津波発生】<br><br><br><br><br><br><br><br>【3/11　本市の状況】<br>・避難者：約2万8千人<br>　　　（人口約4万3千人）<br>・避難所：450か所以上 | **図書館勤務　【地震発生直後】**<br>・利用者の安全確認（ケガ人の有無）<br>・施設の点検，火災報知器誤作動停止，排水管漏水防止の止水，システムのサーバー関係停止，被害状況記録（写真）<br>・災害対策本部へ状況報告（館長）<br>・非常勤職員等の解散<br>・閉館作業：玄関前閉館貼紙，鍵の施錠<br>・今後の水の使用方法周知（トイレ・雨水タンク）<br>**【地震・津波　被害状況】**<br>・図書館⇨ケガ人なし，津波被害なし，図書落下（図書落下防止装置がない所，館内地盤で脆弱な場所は揺れが激しく落下），天井，照明器具等<br>・市民センター配本所（図書室）6か所⇨地震・津波により2か所使用不可全壊，1か所床上浸水<br>**コミセン（図書館隣接）避難所　3/11〜3/19**<br>・3/11〜　避難者受付⇨玄関に机設置，名前・行政区など記入してもらい対応（24時間交代制）<br>・3/11〜　衛生環境等保持⇨雨水タンクからのトイレ用水くみ出し・トイレ清掃，ランタン，懐中電灯設置<br>3/11 図書館から石油ストーブ1台・灯油搬入⇨3/12 近隣施設より5台借用（24時間交代給油） |
| 3/14<br>3日後 | ・商店販売（在庫のみ）<br>　⇨3月下旬まで閉店<br>・3/13 自衛隊大規模に行方不明者救助・捜索 | ・3/14 避難者：コミセン約450名，車中避難者約150名<br>・配給：3/11＝○，3/12＝×，3/13＝○，3/14＝○<br>　　　※配給：バナナ半分か，菓子パン半分⇨1食/1日<br>・配給［食事］⇨3/15（ご飯・味噌汁・梅干　1食/1日）<br>・病人対応，物品手配，物品搬入等⇨5月連休まで対応 |

| 月日 | 主な出来事［市］ | 主な行動等［担当避難所・図書館・個人］ |
|---|---|---|
| 3/17<br>1週間後 | ● 3/17 一部地区電気復旧<br>● 3/17 仮設電話設置<br>● 3/19 宮戸小学校卒業を祝う会（保護者主催で卒業証書授与式開催）<br>● 3/22 一部水道復旧始まる<br>● 3/22 仮埋葬始まる<br>【3/20 市の状況】<br>● 避難者：約1万5千人<br>● 避難所：89か所<br>● 市報号外第1号出す | **図書館：数時間勤務　3/17～3/18，3/22～3/24**<br>● 3/17 携帯メールなどで連絡調整<br>● 3/18 非常勤等の数名で，落下本等の配架作業開始<br>● 3/19～ 欠号新聞収集<br>● 3/24～ 被災状況についてホームページにアップ<br>**宮戸小学校　避難所3/19～3/22，3/24～3/25**<br>● 連絡調整（無線・衛星電話）⇒物資・薬品・情報（免許証紛失対応，公共料金の支払，税の相談，安否確認，各種届出等の相談）<br>● 配給［食事］⇒3/19　2回～<br>● 3/22～3/23 震災以降初帰宅［夜勤なし］ |
| 3/25<br>2週間後 | ● 市社会福祉協議会に災害ボランティアセンター設置<br>● 3/25頃～ 避難所において飲食産業等の炊出し支援<br>● 3/29頃～ 全国知事会を通じ自治体職員派遣が始まる<br>● 3/30頃～ 自衛隊個人宅泥かき作業支援始まる<br>【3/27 市の状況】<br>● 避難者：約8千人<br>● 避難所：82か所<br>● 電気・水道⇒約半数復旧 | **図書館：数時間勤務**<br>● 利用者から開館に関する電話等の問い合わせあり<br>● 津波による浸水本の問い合わせ，返却が出始める<br>● 救援物資要請（出版社へメールで）避難所等に<br>● 津波による冠水個所が少なくなり，非常勤等職員の出勤体制が整い復旧作業進む<br>● 市内高校生や市民数名から復旧作業のボランティア申し出があり協力をもらう<br>**コミセン　避難所**<br>● 配給，避難者受入・退去・面会人対応<br>● 3/27 避難者⇒施設内　280名，車数十名<br>● 地震の影響で下水管の勾配が狂い排水困難場所が発生 |

4/7余震により天井ボードが落下した図書館　　津波で被災した市民センター配本所

| 4/7<br>1か月 | 【23:32　地震発生】<br>**震度6弱**<br>● 芸能人等の避難所慰問を耳にするようになる<br>● 4/7⇒新聞折込チラシ入<br>● 医療機関，物流（郵便・JR JR臨時代行バス・バス等）が動き出す<br>● 仮設住宅等の受付開始 | 【余震】<br>※携帯電話の緊急地震速報の誤作動が目立つ中で発生<br>**コミセン　避難所：日中・夜　勤務**<br>● ケガ人，建物被害なし<br>● コミセン夜勤中発生，職員1時間以内に自主出勤<br>※職員が津波肺の予防を呼びかける。避難所が土足のため，砂や泥が粉塵として舞い上がる<br>**図書館：日中半日勤務** |

IV　地震後の行動

| 月日 | 主な出来事［市］ | 主な行動等［担当避難所・図書館・個人］ |
|---|---|---|
| 4/7<br>1か月<br>前後 | ●電気・水道・電話，運転免許証，保険証などの被災した場合の取扱い対応の広報始まる<br>●NPOや民間・ボランティア活動者がたくさん見られるようになる⇨泥かき等 | 【図書館被害状況】<br>●図書が再落下，天井モルタル落下破損（1間物が2枚程度），防炎タレ壁（ガラス製）破損飛散，書架4台破損<br>●4月中旬 再復旧作業，子どもの広場開催計画浮上（5/5開催）<br>●不特定多数の図書受入配本（市民，小・中学校，放課後児童クラブ，配本所，図書館（貸出中：津波による流失本））<br>●4/17～ 全国から寄贈本が届き始める<br>●4月 文部科学省ポータルサイト，日本図書館協会メールマガジン等で「図書装備ボランティア」要請<br>　　第一陣のべ35名（4/29～5/15）<br>　　第二陣のべ43名（5/21～7/3） |
| 4月<br>中旬<br>～ | ●4/15 市報発行（災害臨時号外6号で終了）消毒用石灰配布，自宅流入自動車撤去処理，災害ゴミ回収等について<br>●4/21頃～ 在日米軍のトモダチ作戦（野蒜駅ガレキ撤去）<br>●～4/18 仮設住宅申込締切<br>●4/21 入学式<br>●4月下旬 仮設住宅建設進む<br>●4/18～ 重機使用で本格的な行方不明者捜索開始 | ●4月下旬 図書館振興財団に書架，紙芝居（震災で亡くなった紙芝居ボランティアの作品）刊行，被災図書等の支援申請<br>●4月中旬 全国からの本寄贈・催し物開催支援の調整<br>●4/17～ 児童書，支援物資が連日到着<br>●4/21～ 当館読み聞かせボランティア，小学校でお話会再開<br>●5/5 子どもの広場（児童書無料配本・お話会・人形劇・寄せ書き・自衛隊員との交流等） |
| 5/14<br>2か月<br>後 | ●5/19 市の非常配備態勢一部（3号配備）解除<br>●6月補正 当初予算見直し作業<br>●5月下旬～ 海外から国単位で支援の申出あり | **5/13避難所勤務終了⇨夜勤25日・5/14～図書館勤務**<br>⇨仮開館へ向けた準備<br>●5月上旬～ 応急修繕⇨電気工事・天井・防炎タレ壁撤去<br>●5/23 アマゾン「たすけあおうNippon東日本大震災　ほしい物リスト」に登録⇨被災した本，震災前予約・リクエスト本の特定資料の支援を受ける |
| 6/1<br>3か月<br>前後<br>～<br>5か月 | ●6/1 被災臨時循環バス（無料）<br>●6月中旬～ 避難所縮小に伴い自衛隊の沐浴や食事支援を終了する所あり<br>●6/18 東日本大震災東松島市慰霊祭<br>●6/19「東松島市災害対策本部」⇨「東松島市震災復興本部」に移行<br>●6/20 被災に伴う東北地方の高速道路無料措置通行<br>●6/28「復興まちづくり計画」策定開始 | ●6/1～ 仮開館（閉館時間1時間早めて対応）<br>●6/2 布絵本ボランティア活動再開⇨全国へありがとうマスコット製作開始<br>●6月上旬 空気清浄機・図書の消毒機の支援　[キハラ]<br>●6/4～ 全国から被災地のメンタルケアで，歌や人形劇・科学遊び・お話会・昔遊び等の開催<br>●6/15 緊急雇用採用（寄贈図書装備等の対応）<br>●6/28・29 巡回図書再開（小学校へ各600冊配本）<br>●7/1～ 通常開館（通常開館時間），予約再開，お話会再開<br>●7/3・4 図書装備のための技術指導［日本ブッカー］<br>●7/12 移動図書館車無償借用［熊本市］<br>●7/18・19 破損書架交換<br>●7月中旬　海外から支援：ベビーカー，オムツ交換ベッド，クリスマスツリー等 |

| 月日 | 主な出来事［市］ | 主な行動等［担当避難所・図書館・個人］ |
|---|---|---|
|  | ● 7/16〜 JR仙石線石巻⇔矢本間部分復旧開通（矢本⇔高城間は臨時代行バス）4か月ぶり<br>● 7/23 復興夏祭り<br>● 8/31 市の避難所すべて閉鎖 | ● 7/21〜11/24 移動車図書館車 市内のべ40か所 仮設住宅・子ども会の要請⇒運行（無料配本）<br>● 8/1〜 リクエスト再開<br>● 8/3 市民センター配本所閲覧机・椅子の支援［規文堂］<br>● 〜8/31 ありがとうポスターモデル募集，83組応募<br>● 8/12 図書館ボランティアの葬儀<br>● 8/20 郷土の紙芝居『初めて世界一周した日本人 若宮丸漂流』（震災で亡くなった紙芝居ボランティアの作品）刊行<br>● 8/31 太陽光井戸水汲み上げシステム寄贈［デンマークの企業］ |
| 9月<br>6か月<br>〜 | ● 10/17〜 災害ボランティアセンターから「被災者サポートセンター」へ改変⇒仮設住宅等の住民支援<br>● 10/17 仮設住宅内に「復興仮設店舗」が営業を始める<br>● 10/17 定川大橋が仮橋復旧<br>● 11/13 震災で延期されていた県議会選挙<br>● 12/1 石巻市夜間救急センター再開 | ● 9月中旬〜 貸出資料の確認電話<br>● 9/18 図書館ボランティアの葬儀<br>● 10月上旬「ありがとうポスター」完成（モデル・支援者に郵送）<br>● 10月中旬 貸出資料の葉書での確認<br>● 10/15・16 秋祭り・図書館祭り 無料配本，人形劇，ありがとう手形ワークショップ⇒支援者へ郵送<br>● 11/24・30 有志ボランティアによる「ありがとうポプリ」作り⇒支援者へ発送<br>● 10/4〜11/30 小さな図書館開設・準備。全国に本の支援を依頼（市内10か所設置）<br>● 12/1〜7 蔵書点検 |

## 市全体の被害状況

被害状況は，以下のとおり（東松島市調べ，2011年12月現在）

- 死者 ── 1,044人
  ※自治体の中では3番目に大きい被害，死因は津波，低体温症など
- 人 口：2011年3月11日⇒43,255人
  　　　2011年12月1日⇒40,711人
- 行方不明者 ── 59人
- 世帯数：2011年3月1日⇒15,080世帯
  　　　2011年12月1日⇒14,669世帯
- 家屋被害 ── 14,000戸強（流失・全壊 約5,400戸）
- 浸水地域 ── 住宅地65％（被災地域で最大）
- 地盤沈下 ── 47cm（図書館周辺）
- 流失車両 ── 11,000台
- 津波当夜丘陵地等避難者 ── 2万人以上
- 避難所最大400か所以上（※避難所は8月末をもって閉鎖）
- 仮設住宅 ── 約1,800戸
- 市内小・中学校14校：うち6校被災（3校全壊，使用不可）
- 幼稚園・保育所12園：うち2園・3所被災（流出・全壊）

津波により陸地に打ち上げられた船

津波により被災した JR 仙石線

## 2 被災地:浦安市立図書館(千葉県)

●宮原みゆき

【概要】

図書館の体制 ：中央館・分館・行政サービスセンターでの業務は直営,図書サービスコーナーは委託
計画停電は3/24に災害救助法の適用後対象外となる

休館・開館時間等：
- 3/11　16:00 ～ 3/13　臨時休館
- 3/15　中央館のみ10:00 ～ 17:00開館
- 3/16　14:00 ～　再度臨時休館
- 4/25 ～　中央館のみ10:00 ～ 17:00開館
- 5/1 ～　分館10:00 ～ 17:00開館
  - 図書サービスコーナー 7:00 ～ 11:00,17:00 ～ 21:00で再開
- 6/1 ～　中央館10:00 ～ 18:00開館に延長

| 月日 | 出来事,行動したこと | コメント |
|---|---|---|
| 当日から | **地震発生**<br>・利用者の避難誘導(放送,誘導)および帰宅困難者対応(市の避難所確定まで1室を滞在場所として充てる)<br>・各館および市内状況の把握(施設の破損状況,書架等什器,コンピュータ等機器の状態,資料の落下,破損)<br>・職員の安否確認(学校等へ類縁機関サービスに出ている者もあった)<br>・臨時閉館広報(ホームページにアップ)<br>・市の緊急配備召集(あらかじめ決められた職員の配備のほか,災害対策本部から避難所対応等に要請が来る)により出動,待機<br>・待機にあたっての食糧等確保(市内は自販機も含め飲食物,衛生用品の確保が困難な状態であった)<br>・緊急配備指令：翌日以降の緊急配備職員以外の出勤確認(安否はもちろん,臨時的任用職員等の自宅に被害が大きいことが考えられること,また交通機関の問題から帰宅困難者,また出勤自体が困難である等,復旧作業にどれだけ人が充てられるか確認が必要だった)<br>・市内状況の確認<br>・各自,防災服,ヘルメット,安全靴等,貸与された衣類を準備 | ・火災発生時の防災訓練は毎年行っているため,放送,誘導は応用できていたが,地震時の訓練の必要性も感じた<br>・耐震工事を行っていた中央館既存棟の書架,建設時から基礎とつなげた開架書庫の書架は問題がなかったが,壁や床に十分な強度で設置されていなかった閉架書庫は被害が大きかった。書架の構造,設置方法は十分確認して,対策を講じる必要がある<br>・今回,市域の86%で液状化が起こり,中央館は閉架書庫の被害のほかは駐車場の一部に水の噴出がみられた程度だが,埋立地の図書館分館併設の公民館では躯体や周辺の損壊,上下水道や電気等が使用不可となる被害があり,図書館部分では,図書の落下のほか,ブックポストが使えなくなったところがあった<br>・衛生用品は主にトイレットペーパー。開館を検討する中で,来館者用を考慮しなければならない<br>・浦安市は職員全員にヘルメット,防災服,安全靴,腕章が貸与されているが,備えが十分でなかった |
| 3日後 | ・再開館と災害対策出動要請：災害対策出動要請の来た職員以外までず,中央館のみの再開を目指し,館内の復旧作業を行う(開館準備／閉架書庫　8万冊落下した閉架書庫の資料を安全な部分のみ戻して書架に破損が生じた部分は逆に下ろして箱詰めする,損壊・落下した照明器具を安全な形で撤 | ・中央館はライフラインに問題がなかったことから,水道やトイレの使用目的での制限地域の市民の来館が想定されたが,大量に水を供給するという状況には至らなかった<br>・情報発信としては図書館エントラン |

| 月日 | 出来事, 行動したこと | コメント |
|---|---|---|
| 3日後 | 去し,また飛散した破片を除去する,通路に散乱したダンボール等を他の倉庫に移動させる/既存棟地下,転倒したマイクロフィルムキャビネットや散乱した新聞原紙を戻す)<br>● 余震対策:余震時には作業を中断し,強さによっては避難する等,一定のルールや避難経路を決める<br>● 再開館にあたっての広報(掲示,ホームページ等)<br>● 館内照明を一部消灯する等,節電対策をする<br>● 市内状況をエントランスに掲示する<br>● 3/15中央館再開,3/16午後余震を契機に再度休館 | スに出すほか,市としてもインターネットを見られない方のために,公民館,学校等でも生活支援情報等を掲示した |
| 7日後 | ● 災害対策出動強化:多くの職員が災害復旧(避難所対応,給水補助,液状化噴出土砂の撤去,下水道使用不可地域に対する簡易トイレキット作成と配布,道路補修調査補助等)に従事し,その他は職場待機しながら,臨時的任用職員等とで利用者対応,年度末処理,館内整理を行う<br>● 分館は職員が出動または中央図書館で待機のため,臨時的任用職員等(司書)でブックポスト整理等の館内整理を行う<br>● 行事の中止:再開の目処がつかないことにより,年度内の行事を中止決定,講師,参加者へ連絡を行う<br>● 計画停電:停電に備え,電算の稼働時間を限り,また作業も組みなおす | ● 地域によって被害に差があったため,被害がほとんどない元町地域の方からは休館の理解が得られにくかった<br>● 簡易トイレとはビニール袋と凝固剤であり,下水道制限地域の各戸別に自転車で配布した。使用後は可燃物として処分可能<br>● 計画停電は被災地であることを市が抗議し,3月24日対象からはずされた<br>● 休館中の電話による問い合わせは再開までに1,968件,1日平均64件あった<br>● 職員は全員出勤が続いていたが10日目前後より代休が可能となる |
| 1か月後 | ● 3/29 示達により,平成23年度予算について災害復興による見直しが行われ,図書館も2割減での調整を行う<br>● 臨時的任用職員等(事務補助員)を4月1か月間休職とし,その間の業務代行を含め,職員および臨時的任用職員等(司書)のみで再開準備を行う<br>● 4/1 人事異動(3/31 退職者あり)<br>● 再開館に向けてサービスのあり方,職員配置を検討する<br>● 4/15 ライフラインの応急復旧終了 | 予算削減については,新規事業は見送りとなり,そのほかに臨時的任用職員等の賃金,資料費も含め検討した<br>● 職員配置のほか,使えなくなったサービスポイントの代替方法,分館の再開目処,ウェブ予約の再開時期等,検討することは多岐に及んだ |
| 3か月後 | ● 再開館(中央館4/25,その他5/1より,開館時間は一部短縮,ただし舞浜行政サービスセンターのみ施設が使用不可のため再開せず)<br>● 4月中は予約資料の受取りはすべて中央館で行う<br>● 地震,市の災害および復旧関連のクリッピングをファイル化したほか,雑誌の特集記事一覧も作成,配布した<br>● 地震被害および復旧に役立つ資料展示を行う | ● 再開の約1週間は臨時的任用職員等(事務補助員)が休職中のため,職員と臨時的任用職員等(司書)ですべてを行った<br>● 予約資料の受取りは中央カウンターだけではバックスペースが足りず,書庫カウンターで近くの第2集会室に集めて対応した |

Ⅳ 地震後の行動

| 月日 | 出来事, 行動したこと | コメント |
|---|---|---|
| 3か月後 | ●中央館時間延長（6/1より18：00まで）<br>●6/1全庁の本格的人事異動にあわせ，図書館内の異動も実施<br>●行政の守備範囲の見直し（民間への移行等の検討）として，図書館事業のあり方を分析する | ●レファレンスは災害関連が多く，市関連では地盤，防災計画，埋立地の構造，液状化対策，工事単価，予算・決算・例規についてがあり，東北に関するものも多かった<br>●4/25の利用は7,468冊（平成22年の全館合計での最多日は7,074冊），予約件数も368件（同最多件数155件，ただしウェブ予約はまだ再開していなかった）。5/1までの1週間を平成22年の平均と比較すると貸出冊数1.6倍，貸出利用者数1.3倍，返却冊数1.1倍，予約件数2.2倍 |
| 6か月後 | ●平成24年度予算要求：3か年は復興を中心とした予算となるが，できる範囲で震災前の図書館サービス復活を目指しつつ，要求を行う<br>●防災服解除<br>●うらやす復興祭（10/8〜10）に図書館友の会，読書会連絡協議会の協力を得て，リサイクル資料の無料配布を行う<br>●震災で先送りとなっていた実施計画等の実現について検討を行う | ●市の被害総額は734億円であり，平成24年度予算は復興にかかわることが主となり，また税収減も予想されるが，図書館としては市民の要望も受けて可能な限り震災前の状態へ戻すことを目標に要求を行った<br>●うらやす復興祭はイベント開催を通して，全国からの支援に感謝し，着実な復興をアピールしながら，被災地域の復興と活性化を進めるため行われたもの |

## 3 郊外の図書館：**調布市立図書館**（東京都）　　●戸張裕介

【概要】

図書館の体制　　：中央図書館および分館（10館）すべて直営
　　　　　　　　　複合施設：8館
　　　　　　　　　単独施設：3館
　　　　　　　　　開館時間　中央図書館：9：00〜20：30，分館：9：00〜17：00（4〜9月は延長開館日あり）
　　　　　　　　　計画停電は中央図書館を含む4館で実施される

休館・開館時間等：3/11　　　　全館概ね16：00閉館
　　　　　　　　　3/12,13　　 全館通常どおり開館
　　　　　　　　　3/14　　　　中央図書館臨時休館，分館は定例休館日
　　　　　　　　　3/15〜19　　中央図書館は臨時休館
　　　　　　　　　3/15〜　　　分館はほぼ通常どおり開館
　　　　　　　　　　　　　　　＊16日のみ概ね16：00で閉館
　　　　　　　　　　　　　　　※計画停電の対象となった分館は停電時のみ一時閉館
　　　　　　　　　3/20〜　　　中央図書館開館（開館時間は変則）
　　　　　　　　　4/15〜　　　中央図書館は夜間の開館を再開

| 月日 | 出来事，行動したこと | コメント |
|---|---|---|
| 当日から | 【利用者・サービス】<br>●各館で来館者の安否確認，避難誘導⇒全館負傷者なし<br>●調布市文化会館たづくり（以下"たづくり"）の4・5・6階にある中央図書館は16：00で閉館（管理団体が"たづくり"の閉館を決定したため）<br>●中央図書館では利用者全員が非常階段で退館<br>●分館も各館の判断により，概ね16：00に閉館<br>【建物・資料】<br>●図書館の被害状況の確認（図書の落下，書架等）⇒"たづくり"の階段壁面が一部落下，分館でも一部の館で被害あり<br>●電算の稼働状況の確認（一部の分館については連絡が取れず）<br>●落下した本の配架<br>【図書館スタッフ】<br>●中央図書館閉館後，希望する嘱託員は時間休を取り退館<br>●管理職以外の職員は退庁指示<br>※遅番の職員など18：30以降に在席していた職員については自席待機指示<br>●翌日の職員への引継ぎ（被害状況，開館前の行動，行うことができるサービスの確認など）<br>【図書館設置母体】<br>●図書館の臨時閉館の判断（複合施設内の図書館は管理団体による判断）<br>●中央図書館の事務室に全体を把握する職員，連絡要員を設置<br>【その他】<br>●分館の状況確認（固定電話が不通のため，庁内ネットワーク，個人の携帯電話などを使用） | 【利用者・サービス】<br>●中央図書館の非常階段で退館する際，車いすやベビーカーを使った利用者がいなかったため，大きなトラブルはなかった<br>●図書館システムが一時通信エラーになったが，貸出・返却は通常どおり行うことができた<br>【建物・資料】<br>●各館でさまざまな被害があったが，後日住民からの連絡により，水漏れを発見したという館もあった<br>【図書館スタッフ】<br>●地震当日中央図書館と分館で連絡が取れなかったため，帰宅報告をしないまま帰宅ということもあった<br>【図書館設置母体】<br>●市議会開催中で管理職が全員居たことにより図書館としての判断もできた<br>【その他】<br>●インターネットや図書館のネットワークを通じて，地震に関しての情報を得ることができたため，図書館としての判断をする参考になった<br>●固定電話，FAX不通（グループウェア，インターネット接続は可能）<br>●個人の携帯電話は地震直後にはつながったが，時間が経過すると回線が混雑したため，不通となる |
| 3日後 | 【利用者・サービス】<br>●3/12・13，中央図書館，分館ともに通常どおり開館<br>●各館でポスターの作成（開館状況，書架の間は危険，臨時休館の可能性の周知など）<br>●各館で地震関係の展示を開始<br>●図書館ホームページ・市役所ホームページ上で開館状況などを更新<br>●3/14は電力不足のため，中央図書館は臨時休館，分館は定例休館日<br>【建物・資料】<br>●各館で点検や補修の見積もりを依頼<br>【図書館スタッフ】<br>●翌日出勤する職員への引継ぎ | 【利用者・サービス】<br>●停電によりウェブサーバーを落とすことになり，状況も刻々と変化するため，利用者への周知の方法や時間がかなり限られてくる<br>●地震の展示の資料はよく借りられる<br>【建物・資料】<br>●土日は電力供給不足の心配がなく，通常どおり開館<br>【図書館スタッフ】<br>●翌日に出勤する職員への引継ぎなど，こまめに連絡を取り合うことができた<br>●電車のダイヤが大幅に乱れていたが， |

Ⅳ　地震後の行動

| 月日 | 出来事, 行動したこと | コメント |
|---|---|---|
| 3日後 | ●中央図書館では臨時休館時や停電時の役割分担<br>●休務の職員への対応<br>【図書館設置母体】<br>●電力不足, 計画停電への対応を協議<br>●分館への指示, 連絡<br>●中央図書館に分館への連絡・調整係として分館職員2人を召集（通常は分館担当の管理職1人）<br>【その他】<br>●計画停電に伴い, ウェブサーバーの停止（ウェブ予約停止） | 各自自転車などで出勤し対応<br>【その他】<br>◉分館への指示は主にFAXを使っていた |
| 7日後 | 【利用者・サービス】<br>●中央図書館は3/19まで休館<br>●分館はほぼ通常どおり開館していたが, 3/16は19：00まで停電によりサーバーが停止していたため, 概ね16：00で閉館<br>●計画停電が実施された分館は停電時のみ閉館した<br>●分館は3/19まで館内閲覧のみ（予約確保資料のみ手作業で貸出, レシートを保存し電算稼働時に処理）<br>●「おはなし会」などの事業は3月末まで中止<br>●中央図書館が取りまとめた後, 調布市内の被災者の避難所へ児童書提供<br>●全館ともに利用者への開館状況の周知⇒分館は毎日開館閉館時間を掲示<br>●調布市内に避難してきた被災地域の住民も図書館の利用カードを発行可能にした<br>【建物・資料】<br>●"たづくり"の点検, 補修（管理団体）<br>【図書館スタッフ】<br>●3/20は中央図書館に出勤する職員の増員（停電により業務の増加が想定されたため）<br>【図書館設置母体】<br>●中央図書館開館に向けて検討<br>●図書館サービスについて<br>●予想される懸念事項<br>●避難者への対応など<br>●分館への連絡（分館担当の管理職が休務日の場合, 分館職員が中央図書館に行き連絡調整を行う）<br>【その他】<br>●計画停電時間に合わせ, ウェブサーバー停止 | 【利用者・サービス】<br>◉館内の様子などを記録し状況を把握したほうがよいと思った（どんな資料の需要があるかなど）<br>◉3/19まで分館では館内閲覧のみだったため, 利用者から貸出をしてほしいという強い要望があった<br>◉手書き貸出は計画したが実施せず<br>◉電算稼働時間の制約<br>※サーバーがある"たづくり"への計画停電により全館の図書館システムの稼働時間が制約されることになった<br>【建物・資料】<br>◉計画停電が実施されたのは中央図書館と分館3館の計4館<br>【その他】<br>◉計画停電によりさまざまな業務が滞っていた（予約資料, 返却本の未処理, 視聴覚資料室の閉室など） |
| 1か月後 | 【利用者・サービス】<br>●電算稼働時は通常処理, 計画停電に伴うサーバーの停止時のみ, 予約確保資料を手作業で貸出<br>●3/27　11：30からウェブ予約再開 | 【利用者・サービス】<br>◉「おはなし会」などの事業は地震の影響からか参加人数が少ない状態が続いた |

| 月日 | 出来事, 行動したこと | コメント |
|---|---|---|
| 1か月後 | ・「おはなし会」などの事業を再開していく<br>・中央図書館は4/15まで夜間開館を行えなかった<br>・中央図書館は計画停電に合わせ開館<br>・ハンディキャップサービスは開館中なら通常どおり実施 | ・3月中は計画停電により中央図書館の開館時間が変則的になっていた<br>・4/17までの統計で9人の被災地域の住民に利用カードを発行した<br>【図書館設置母体】<br>・計画停電による停電の恐れが減ってきたため,徐々に通常のサービスへ戻していく<br>【その他】<br>・市役所のホームページに放射線量の測定結果が載りはじめる |
| 3か月後 | 【利用者・サービス】<br>・貸出は通常どおり<br>【建物・資料】<br>・中央図書館の書架の高位置にある棚に耐震シートの設置 | 【利用者・サービス】<br>・計画停電の心配もなくなり,通常どおり電算も稼働<br>・徐々に「おはなし会」などの事業にも参加者も戻ってきたようだった<br>・避難者の登録受付以外はほぼ平時と同じサービス<br>・3か月経っても地震の展示の資料はよく借りられる<br>【建物・資料】<br>・資料の落下が多かった高位置の棚に耐震シートを設置した<br>【その他】<br>・教育部で震災時の行動について講習あり |
| 6か月後 | 【建物・資料】<br>・分館で無線の設置<br>【図書館設置母体】<br>・分館の震災時マニュアルを作成開始<br>【その他】<br>・教育部内で出先機関（図書館含む）も交え,震災時の対応について協議 | 【建物・資料】<br>・分館との連絡の途絶を防ぐために,無線を各館設置した<br>・無線に慣れるために普段から分館間の連絡に使っている<br>【図書館設置母体】<br>・震度5以上の地震のとき,主査以上の職員は避難所に派遣される。そのときの図書館の体制を考える必要あり |

Ⅳ 地震後の行動

## 4 都市部の大学図書館：工学院大学図書館（東京都）

●石川敬史

【概要】
図書館の体制：〈新宿図書館〉
・図書館は，28階建高層ビルの2〜3階に位置している
・開館時間は，9:15〜22:00，日曜11:00〜18:00
・平日・土曜の16:00〜22:00と，日曜の閲覧業務は業務委託
・新宿図書館の他に，八王子キャンパス内にも図書館がある
・毎年1回，大学全体で大規模な防災訓練を実施している

休館・開館時間等：〈新宿図書館〉
- 3/11　16:00頃から閉館
- 3/14(月)～3/19(土)　臨時休館
- 3/20(日)～3/21(月)　日曜・祝日休館
- 3/22(火)～3/31(木)　館内整理休館
- 4/1～4/15まで短縮開館　9:15～19:00
  ⇨入学式と授業開始の延期により，短縮開館とした
- 4/16～　通常開館　9:15～22:00

| 月日 | 出来事，行動したこと | コメント |
|---|---|---|
| 当日から | 【利用者・サービス】<br>● 来館者の安否確認<br>● 図書館の臨時閉館の判断（余震への対応）<br>【建物・資料】<br>● 図書館の被害状況の確認（図書の落下，書架等）<br>【図書館スタッフ】<br>● パート，職員の帰宅可否や，次の日の以降の閉館の判断と出勤体制の確認<br>● 夜間業務委託スタッフと連絡を取り，閉館と伝える<br>● テレビの設置（情報収集，鉄道の運行等を含む），事務室内でのテレビコンセントを探した<br>【図書館設置母体】<br>● 大学での帰宅困難者受け入れと対応（大学の職員間のローテーション，連携）<br>● 帰宅できない図書館職員（非常勤含む）の人数を大学の対策本部へ報告<br>【その他】<br>● 図書館職員以外の方（来訪者）のへの対応 | 【利用者・サービス】<br>● 大学や複合施設の場合，施設全体での館内放送か図書館内のみの館内放送かを考えておく必要がある<br>【建物・資料】<br>● それほど図書は落下しなかった<br>【図書館スタッフ】<br>● 都市部の場合，鉄道が止まるため，数日分の水や食料，毛布等の備蓄が必要である。さらに，危機発生時の図書館スタッフの出退勤確認も必要である<br>【その他】<br>● 帰宅困難者の中で，図書館で休ませてほしいという要望もあった。余震の影響や書架があるため，危険であると説明した<br>● 帰宅困難者対応について，携帯電話の充電器の要望，防寒対策，食料，人数把握が必要である。また，情報（鉄道運行，休憩室がどの部屋，食料がどの部屋）の案内（例えば，ホワイトボード）が必要。さらに，大学周囲の状況（受け入れ機関がどの程度あるのかなど）を把握しなければならないと感じた<br>● 大学として，帰宅困難者受け入れ可能な最大人数も事前に把握しておく必要がある |
| 3日後 | 【利用者・サービス】<br>● 図書館ホームページの更新（閉館のお知らせ）<br>● 図書の延滞猶予（罰則解除），貸出期間延長の判断（ホームページへの掲載）<br>【建物・資料】<br>● 図書の整理（落下図書の整理，復旧作業）<br>　⇨製本雑誌や建築学系の洋書（ハードカバーで重い本）の落下やずれがあった<br>【図書館スタッフ】<br>● 非常勤職員の出勤管理（計画停電で鉄道が動かない場合，無理して出勤しない） | 【利用者・サービス】<br>● ホームページの更新を複数の職員で可能にすることが必要。図書館システム（サーバー）の取り扱いも同様<br>【図書館スタッフ】<br>● 職員，非常勤職員の間で，緊急連絡網の整備が必要（朝出勤できない点など）<br>【その他】<br>● 首都圏で，夕方に大停電の恐れがあると報道された日は，図書館システムSEも帰宅し，連絡が取れず，自宅で手を打つことになった。図書館システムサーバーの危機管理に |

| 月日 | 出来事，行動したこと | コメント |
|---|---|---|
| 3日後 | 【その他】<br>● 図書館システムサーバーの確認（計画停電のため，念のため，SEとの連絡） | ついてもマニュアルや手順書が必要である<br>● 計画停電時の対応（開館時間の調整，スタッフの対応・出退勤，図書館システム，ホームページ）は重要である |
| 7日後 | 【建物・資料】<br>● 書架の点検依頼（業者へ依頼）<br>● 大学から，各部署の地震の被害の提出依頼<br>● 内壁ひび割れの補修手配<br>【図書館スタッフ】<br>● カウンター付近にヘルメットの設置，非常勤職員のヘルメット準備 | 【図書館設置母体】<br>● 数週間，学生に対して，登校禁止の措置をとった（3月で授業がないため）<br>● 大学では，学生の安否確認を実施<br>【その他】<br>● 1週間経過し，図書館は概ね落ち着く。むしろ，計画停電による交通網のマヒや，図書館サーバーのダウンが気になる |
| 1か月後 | 【利用者・サービス】<br>● 掲示作成（地震時は，書架に近寄らない旨）<br>● 月末の蔵書点検を終え，4月に開館するための開館準備作業<br>【建物・資料】<br>● 内壁ひび割れ・石膏ボード補修<br>● 書架の固定の見積依頼 | 【利用者・サービス】<br>● 余震もあったため，地震時の注意の掲示をしているが，どの程度，周知するべきか検討する必要がある<br>【図書館設置母体】<br>● 余震と計画停電の影響で，卒業式の中止，入学式の延期と会場変更（八王子キャンパスから新宿キャンパスへ），授業開始を遅らせる措置を取る |
| 3か月後 | 【建物・資料】<br>● ブックエンド等にて，図書の固定<br>● 大型本については下段へ集める工夫を少しずつ行う<br>【その他】<br>● 私立工科系大学の集まりで，3/11やそれ以降の対応を情報交換する | |
| 6か月後 | 【その他】<br>● 他館の状況の把握や情報交換を行う | 【図書館設置母体】<br>● 大学図書館の場合，図書館は大学における一つの部署という傾向が強い。大学としては，学生の安否確認や授業日程等の調整が優先される<br>【その他】<br>● この時期になると，図書館内でも危機意識が薄れる。図書館内の被害状況の写真などを掲示しておいてもよいかもしれない<br>● 次年度の部署事業計画に防災に関する内容を反映するところが多い |

## 5 都市部の公共図書館：文京区立真砂中央図書館(東京都)　　●倉持正雄

【概要】
図書館の体制　　　：中央館のみ直営（カウンターは委託）　その他は指定管理者館
　　　　　　　　　　計画停電対象外
休館・開館時間等　：3/11　15:30〜　　臨時休館
　　　　　　　　　　3/12・13　　　　　臨時休館
　　　　　　　　　　3/15〜4/30　　　　節電対応のため開館時間を短縮した（平日で4時間短縮）
　　　　　　　　　　7/1〜9/11　　　　　夏期の節電対策で休館日を増やした（全館2日程度増）

| 月日 | 出来事，行動したこと | コメント |
| --- | --- | --- |
| 当日から | 【利用者・サービス】<br>● 来館者の安否確認<br>● 図書館の臨時閉館の判断（余震への対応）<br>● 図書館ホームページの更新（臨時休館・取り置き期限延長の周知）<br>【建物・資料】<br>● 自館の被害状況の確認<br>● 指定管理者館の被害状況の確認，取りまとめ<br>【図書館スタッフ】<br>● 職員，委託スタッフの帰宅可否や，次の日以降の閉館の判断と出勤体制の確認<br>● テレビ，ラジオ，インターネットでの情報収集（鉄道の運行状況等を含む）<br>● 区の避難所へ館長派遣。職員2名待機。帰宅困難者3名宿泊<br>【区役所】<br>● 帰宅困難者受け入れのための避難所を開設<br>【その他】<br>● 電話は外線，携帯電話使用不可。内線と公衆電話のみ使用できた | 【利用者・サービス】<br>● 臨時休館に不満の声を漏らしたり，館内にとどまろうとした人もいた<br>● 帰宅困難者が図書館で情報を得たいと来館するケースが目立った<br>【建物・資料】<br>● 自館ではそれほど資料の落下はなかった。書架は1か所転倒。壁かけ時計が1個落下して破損<br>● 天井に設置された防煙タレ壁が落下し粉砕した館があったが，利用者の被害がなくて幸いだった<br>【図書館スタッフ】<br>● ほとんどの職員が強行的に帰宅したが，今後は無理に帰宅せず自館，または避難所を活用したほうがよい。寝具，非常食の備蓄を検討したい<br>【区役所】<br>● 帰宅困難者受け入れのための避難所の開設など，区としての防災対策は迅速な対応ができていた<br>【その他】<br>● 私自身は，出張中の銀座の山野楽器でCDの店頭購入中に被災し帰宅困難者となり，その後本郷にある図書館まで徒歩で帰ったのだが，その中で2点感心したことがあった。1つは山野楽器の対応。地震後すぐに館内放送が入り来店者への的確な指示がなされた。2つ目は丸の内の企業の防災への備えである。会社から支給されたヘルメット・防災リュック・スニーカー姿での帰宅者が多く感心させられた。自館でも今後はこのような対応がとれるよう準備したい |

| 月日 | 出来事，行動したこと | コメント |
|---|---|---|
| 3日後 | 【利用者・サービス】<br>・節電に伴う開館時間の短縮を開始<br>・地震による資料の返却延滞の考慮<br>・地震による汚破損資料の弁償免除<br>【建物・資料】<br>・資料の整理（落下資料の整理，修理）<br>　⇨CDの落下によるケースの破損多数<br>・電動書庫の資料が余震のたびに落下するため，奥に押し込んで対応した<br>【図書館スタッフ】<br>・余震に注意して対応していた<br>【その他】<br>・3/14は平常開館（9:00～21:00）<br>・3/15～4/30は短縮開館（10:00～18:00）<br>・4/30まで節電による照明の削減およびエレベーターの自粛使用 | 【利用者・サービス】<br>・余震があるたびに動揺している人が目立った<br>【図書館スタッフ】<br>・計画停電が始まり，通勤困難者が出始める<br>・指定管理者館より，今後の図書館の対応や出勤困難者への対応などの問い合わせが多く寄せられていた |
| 7日後 | 【利用者・サービス】<br>・計画停電が実施された場合の，図書館システム停止時の対応を確認し全館に周知<br>・ブックポストへのCDの返却許可<br>　⇨開館時間短縮により，返却が困難となった利用者へ対応。破損しないよう，エアーパック（プチプチ）などで保護するようにホームページで周知<br>【建物・資料】<br>・補修が必要な館は補修業者に手配 | 【利用者・サービス】<br>・開館時間の短縮への苦情が多く対応に苦慮した<br>【図書館スタッフ】<br>・引き続き，遠方のスタッフは通勤が困難だった |
| 1か月後 | 【利用者・サービス】<br>・4/19～「被災地からの避難者」への利用登録証の発行開始（小学校，地域活動センターにてPR）<br>【建物・資料】<br>・震災関連資料の展示<br>・余震が続いていたため資料の落下を防ぐよう，毎日書架を点検し資料を奥に入れていた<br>【図書館スタッフ】<br>・全館に節電リーダーを設置して，節電への取り組みを強化した<br>【区役所】<br>・被災地への職員派遣開始<br>【その他】<br>・5/1～ 通常開館 | 【利用者・サービス】<br>・引き続き開館時間の短縮への苦情が多く対応に苦慮した<br>・「家にいてテレビなどを見ているより，気晴らしになる本を探しに図書館に来た」との声が多く聞かれた<br>・避難者から被災地の状況が知りたいとの問い合わせが出始めた<br>・他から講師等を招く行事はほとんど中止となった<br>・定例の児童行事への参加者は少なかった<br>【図書館スタッフ】<br>・引き続き，遠方のスタッフは通勤が困難だった<br>【その他】<br>・文京区は計画停電地域に入らなかったので，運営に大きな支障はなかった |

Ⅳ 地震後の行動

| 月日 | 出来事，行動したこと | コメント |
|---|---|---|
| 3か月後 | 【利用者・サービス】<br>● 夏期の節電対策で休館日を全館とも増やした<br>⇨月1回の休館日を3回とした<br>【図書館スタッフ】<br>● 委託スタッフには会社からヘルメット，ラジオ等が支給された<br>【その他】<br>● 7/1～9/11まで夏期の節電対策（電力使用量の15％削減）として，全館で下記の節電対策を行った<br>　ア　各館ローテーションで月3回程度休館する<br>　イ　照明の削減およびエレベーターの自粛使用<br>　ウ　空調機の設定温度を原則28℃とする | 【利用者・サービス】<br>● 開館時間が通常に戻ってうれしいとの声が多く聞かれた<br>● 避難者からの図書館利用の問い合わせが増えてきた<br>● 定例の児童行事への参加者は，もとの状況に戻ってきた |
| 6か月後 | 【図書館スタッフ】<br>● 委託スタッフ側では，緊急時の管理体制の整備が行われた<br>● 各館で今回の震災に伴い防災訓練や防災研修が行われるようになった | 【利用者・サービス】<br>● 休館日が増えたことによる苦情は少なかったが，エレベーターの自粛使用や空調機の温度設定など，節電対策への苦情があった<br>● 夏休みの間は東京に避難しているとの来館者が目立った<br>【その他】<br>● 電話，メール等が使用できない場合に，図書館システムのネットワークが使えれば，各館との連絡手段として使用できることがわかった。今後，緊急時の通信手段として活用したい |

## ６ 被災市民受入：草津町立図書館（群馬県）　　●中沢孝之

【概要】
図書館の体制　　：直営
　　　　　　　　　計画停電対象（第5グループ）
休館・開館時間等：臨時休館・開館時間の変更等一切行わず，通常通り開館
　　　　　　　　　町では福島県南相馬市民を受け入れたことから，避難者の図書館利用をチラシや集会等で司書が呼びかけ

| 月日 | 出来事，行動したこと | コメント |
|---|---|---|
| 当日から | 【利用者・サービス】<br>● 来館者の安否確認，声かけ「揺れていますので落ち着いてください」<br>● 通常開館を続行<br>● 出入り口の開放<br>【建物・資料】<br>● 図書館の被害状況の確認（図書の落下，書架等）<br>● 3/12未明の地震（震源：長野北部）で資料（CD空ケース，本数冊が落下） | 【利用者・サービス】<br>● もっと情報提供をしなければならなかった。ラジオやテレビの情報<br>【建物・資料】<br>● 資料の落下はなし（3/12の地震で落下）<br>【図書館職員】<br>● 作業着で就寝 |

| 月日 | 出来事, 行動したこと | コメント |
|---|---|---|
| 当日から | 【図書館職員】<br>● 自宅待機<br>【その他】<br>● 県内各館の被害状況確認（3/12）電話での聞き取り（電話は通常通り使用可能）。状況を取りまとめて各館にFAX | 【その他】<br>● 翌日未明の長野県北部の地震も大きく，こちらも動揺<br>● 県内各館の被害は少なかった。電話をして他の館の様子が気になるようだった |
| 3日後 | ● 3/14 計画停電が始まる<br>【利用者・サービス】<br>● 臨時図書館だより「こんにちは図書館です」（臨時号）発行（8号まで）<br>計画停電や役場からのお知らせ，バス・鉄道の運行状況等を掲載<br>【建物・資料】<br>● 庁内LANに震災関連情報のホームページアドレスを掲載<br>【図書館スタッフ】<br>● 通常通り<br>【図書館設置母体】<br>● 計画停電中も開館を支援　懐中電灯の手配 | 【図書館設置母体】<br>● 計画停電中の開館について役場や教育委員会から「情報提供の場なのだから，開館して当然」と言われ感動 |
| 7日後 | 【利用者・サービス】<br>● 町が南相馬市の避難市民の受け入れ（3/24）利用を呼びかけるチラシ配布（各避難宿泊施設に）<br>● 避難者の交流会で図書館利用を呼びかけ（3/28）<br>● 計画停電中の入館者<br>3/16（雪）・計画停電（9:40～12:40）<br>　一日の入館者数　52人<br>3/17（晴れ）・計画停電（14:10～17:10）<br>　一日の入館者数　84人<br>【建物・資料】<br>● 福島県庁から地元紙（民友・民報）が送られてくる<br>● メールで送られてくる「福島民報」号外をプリントして新聞コーナーに設置<br>● 政府からのお知らせ（壁新聞）をプリントして提供<br>● 政府からの小冊子を配置 | 【利用者・サービス】<br>● 避難者の図書館利用開始，「福島の地元紙を読みたい」という希望が多い<br>● 利用を肉声で呼びかけたことはよかった。図書館に来て，新聞や政府のお知らせを見て，情報を書き写す人も見かけた<br>● 送られてくる福島の地元紙をみなさん楽しみにされている<br>● 計画停電中は手書きによる貸出 |
| 1か月後 | 【利用者・サービス】<br>● 福島の観光パンフレットを展示・配布<br>【資料】<br>● 福島の郷土資料を購入 | 【利用者・サービス】<br>● 福島のパンフレット紹介は避難者をはじめ，町民の関心も高かった |
| 3か月後 | 【図書館スタッフ】<br>● 2か月後（5/6～）行政支援のため宮城県女川町へ（9日間）派遣される | 【図書館スタッフ】<br>● 行政支援の派遣は非常に勉強になった。図書館業務以外の役場窓口業務を担当 |

| 月日 | 出来事，行動したこと | コメント |
|---|---|---|
| **6か月後** | ● 南相馬市からの避難者の登録数　26人<br>● 草津における避難関連の資料，新聞記事を南相馬市立図書館に送る | |

# V

## 参考資料

> **参考1** 図書館の事業継続計画(BCP)をつくろう

●松岡　要

### 事業継続計画とは

　大規模な災害が発生したとき，地方公共団体は，住民の生命，安全，生活や地域の経済活動を守るために災害対策本部を設置し，災害応急対策活動，復旧・復興活動の主体として重要な役割を担うことになります。同時に，災害時であっても継続して行わなければならない通常業務を遂行します。地方公共団体は，災害発生直後から災害対応業務のほかに優先度の高い通常業務を，適切に実施することが必要となるのです。

　人，もの，情報，ライフライン等利用できる資源に制約がある状況下において，非常時優先業務を特定するとともに，その業務の継続に必要な資源の確保・配分，そのための手続きの簡素化，指揮命令系統の明確化等について必要な措置を講じることについてあらかじめ確認しておく必要があります。

　事業継続計画とは，大規模な災害時であっても，適切な業務執行を行うことを目的とした計画を言います。電気，ガス，水道，道路，交通機関などのインフラにかかわる公務，企業，公営企業などでは，災害発生後復旧までの手順，体制，常態に戻すまでの時間目標などを明らかにした計画をもっています。インフルエンザなどの感染症対策の計画については，多くの地方公共団体で用意しています。

参考資料▶
『地震発生時における地方公共団体の業務継続の手引きとその解説　第１版』内閣府，2010
『事業継続計画策定ガイドライン　企業における情報セキュリティガバナンスのあり方に関する研究会報告書』経済産業省，2005

### 図書館に事業継続計画が必要

　非常時にこそ，図書館はその社会的使命を果たす必要があります。地域が破壊され，住民の生命が脅かされる状況では，地方公共団体はまず地域の生活基盤整備のための事業継続計画が必要とされます。同時に，確実な情報提供や「癒しのための読書」を保障する図書館サービスの再開も，その計画のなかに位置づけることが重要です。

　大規模災害の際，図書館職員は地方公共団体の災害対策本部の一員として，地域の安全，ライフラインの復旧のための業務に従事します。図書館を休館することもあります。図書館サービスの提供は住民の安全があってこそのことです。地域の復旧のために自治体の災害対策本部の一員として活動するこ

とは当然です。しかし東日本大震災のおり，サービス再開の必要性がありながら，かなり長期にわたって休館していた図書館がありました。日頃からの図書館の社会的役割についてのアピール，取組みの必要を感じました。そして，地方公共団体の事業継続計画に，図書館サービス再開を位置づける必要性を痛感させられました。

　図書館が地方公共団体の事業継続計画の一翼を担うことは，一般的な支援に止まることなく，地域および地方公共団体における災害復旧復興の活動記録を残すための専門性を発揮することにつながります。地方公共団体の災害復旧復興の活動記録を残すことは，今後の事態に備えるうえでも重要です。図書館が記録を収集，整理，保存することは，図書館の機能，図書館員の専門性を発揮することであり，その面から図書館が災害対策本部の一翼を担う役割を示すことになります。

　そのために図書館は，図書館サービスの早期再開を実現する計画を立案します。計画立案には，再開する事業の優先順位の確認，被害の想定とそれに応じた対応策，対応策に応じた組織・指揮命令系統の確認，仮のサービス再開の時期，本格サービス実施までの段取り，などを検討することになります。各図書館において，そのための検討チーム設置などが必要となります。

　その検討にあたっては，図書館には日常的な連携協力網（ネットワーク）があることを積極的に捉え，それを生かした取組みができるよう計画を策定することを求めたいと思います。

## 1 図書館の役割を再確認する

　計画策定にあたっては，図書館の社会的役割を確認することが必要です。

(1) 図書館は資料・情報の提供機関であり，資料，記録の収集・保存の役割があること
- 被災した地域，住民から確実な情報の提供が切実に求められる。それに応える役割がある
- 非常時に行政機関が必要とする資料，情報を提供する役割がある
- 復旧支援のボランティアが必要とする資料，情報を提供することも求められる
- 復旧，復興のために取組んでいる行政機関等の記録を収集し，保存，整理することは図書館の機能である

(2) 図書館には「癒し」の役割がある
- 図書館サービスの再開は，困難な生活をしている子どもたちや住民など避難生活を送っている人たちに読書を保障することである
- 支援提供の図書等を仕分け整理し，利用できるようにする
- 図書館サービスの再開は，地域に「普段の生活に戻った」印象を与える

このような図書館の役割を果たすためには，図書館の日常的な連携組織網（ネットワーク）が欠かせません。都道府県立図書館は県内の要としての役割があり，また県外の図書館からの支援・協力の窓口としての役割が期待されます。

## 2 図書館の事業継続計画(Business Continuity Plan)策定のための検討内容

図書館がその役割を非常時においても果たすための事業継続計画立案のためには，次のような検討すべき内容があります。

### ❶事業継続計画の目的の明確化
事業継続計画の目的は以下の点が基本です。
- 利用者，職員の安全の確保
- 図書館サービスの早期再開
- その取組みにより信頼を確保

### ❷対象事業の優先順位の確認
事業継続計画が対象とする非常時の図書館事業・サービスについての優先順位を確認します。以下のことが検討対象となると思われます。
- 求められる資料，情報の確実な提供
- 読書の保障
- 支援協力の受入れ
- 施設，設備の復旧
- 広報

### ❸被害の想定，それに応じた対応策
計画は被害状況に応じて変わるものです。被害の程度を想定した対応策を策定する必要があります。

❹対応策に応じた組織，指揮命令系統
　対応策には，それを実施する組織，および指揮命令系統を明確にしておくことが欠かせません。

❺業務ごとの詳細計画
　優先順位に応じたサービス，業務ごとの詳細な計画が必要です。とりわけサービス再開の時期の目標は重要です。その実現に向かって一丸となって取組むことが求められます。

❻受託先等との関係
　図書館現場には，多様な雇用形態の職員，および雇用主の異なる派遣職員が混在しています。非常の際，どのように対応するかは，ある意味で図書館特有の問題として捉えておく必要があります。
　外部に委託している業務に係る契約等の点検，確認が必要です。

❼仮復旧の計画，期間
　仮のサービスを実施せざるを得ない場合，その実施期間とサービス内容を明らかにすることが必要です。

❽本復旧の計画
　元のサービスを常態化する目途なども併せて明らかにすることも（いたずらに先送りされないために）必要です。

❾非被災図書館の協力支援計画
　非常時に図書館の連携支援協力を実現するためには，非被災図書館が果たす役割は大事です。被災図書館への協力支援計画策定を検討することが重要です。
　そのための相互支援の協定締結等の検討を提起することも大事です。

## 3　事業継続計画策定のために必要なこと

図書館の事業継続計画を策定するためには，以下のことが必要です。
- 策定チーム構成とスケジュール
- 事業の分析，調査（利用状況，事業内容の構成・相互関係，事業ごとの

従事職員数など)
- 非常時に想定される事態の確認
- 緊急時の対応計画の現状把握（避難誘導，防災計画，訓練・研修，開閉館時の連絡網，帰宅困難者対策など）

## 4 事業継続計画策定にあたって検討すべき事項

上記で述べたことですが，図書館特有の問題として次の点については，多様な視点から検討すべきことと思われます。
- 図書館職員が，住民の安全，地域の復旧のために災害対策本部の一員として活動することと図書館サービスの早期再開について
自治体の「事業継続計画」に図書館事業についても位置づけることが重要
- ボランティア，支援者・団体の受入れと協働のあり方
- 業務受託企業，指定管理者，派遣労働者との関連

## 参考2　災害コーディネーターの役割

災害発生から，被災地の自治体職員は住民への対応に追われます。図書館の早期復旧や資料の救助といった支援（人・物資）要請の声を挙げたくても，時間や被災地側でのさまざまな状況によって，困難なのが実情です。被災地の図書館員は時間とともに心身ともに滅入ります。そこで，必要となるのが，支援者と被災地の図書館との連絡や調整をコーディネートしてくれる人です。現在の図書館界にはそのような仕組みはありませんが，都道府県単位で災害コーディネーターが数人置かれ，日ごろから活動していれば，図書館の危機安全管理や非常時の情報収集に役立つほか，災害発生時に被災地と支援地をいち早く円滑に結びつける役割が期待されます。

今回の震災では，saveMLAK がインターネットを中心に情報収集や支援情報の提供など，被災地と支援者をつなぐコーディネート活動を積極的に行ったことが知られています。今後は，都道府県単位でも災害コーディネーターの育成や仕組みづくりに取り組んでいくことが災害への備えにつながります。

ここでは，災害コーディネーターの役割や支援の方法の一例をあげてみました。

## 1 災害に備えて～その日までの災害コーディネーターの行動

(1) **ネットワーク作り**⇨災害コーディネーターや図書館サポーター，住民団体等，支援者となる人，なってくれそうな人を見つけ，親交を深めておきます。非常時の情報収集法（複数）を考えておきます。

(2) **知識（備え）**⇨災害発生時の人や資料の守り方，復旧の方法を学習，防災・減災の知識を学びます。また，イメージトレーニング，柔軟な発想と個人の判断力を磨くためのトレーニングも欠かせません。時にはマニュアルに即さない行動も求められます。

(3) **災害協定(結ぶ・調整・見直し)**⇨図書館間（物・人の提供→時期・量・期間）や民間会社（資料の運搬のための会社，図書館用品を扱うメーカー，出版社など）と災害に備え情報を交換するほか，災害時に迅速に動けるよう，協定を結ぶ手助けをします。

(4) **災害訓練**⇨災害コーディネーター間で訓練
災害協定を結んだ所と電話やメールなどで「情報（通信）伝達・確認訓練」を実施します。また，物資を被災地に届けるまでの時間や量（輸送が可能か，交通網確保）のシミュレーション，災害コーディネーターの間での「災害連絡」（メーリングリストなどでの一斉送受信）訓練を実施します。

## 2 災害発生・復旧・再建

(1) **災害発生直後の「情報収集・整理・把握・提供」**⇨状況把握。被災地への電話は控える，メールで「返信はいつでもよいので」と表題につける等，相手を追い込まない工夫を。
＊被災地に直接ではなく被災県の災害コーディネーターに連絡をとり，情報収集に努めてください。

【支援に対して】（➡「本による支援」p.75 参照）
❶被災地に行くとき⇨注意：行くことで思わぬ事故にあったり，被災地に迷惑をかけることがあるので決して無理をしない。
❷被災地と災害コーディネーターの関係⇨平常時の交流によって良好な人間関係の構築ができているか。

❸被害状況⇨何が必要か（人・物それぞれの量と期間）。
❹被害状況がわかったものから手配（例：本が落下⇨整理のためのブックトラック，本が水濡れ被災⇨応援業者・専門機関を紹介する体制）
❺物流⇨どこが機能しているか（運送会社の営業所が津波で被災していると，内陸部の営業所留めで受取人が行かなければならないことがあるので注意），配送時間の遅れや配送量の制限をチェック。
❻停電⇨携帯電話の充電器，電池で充電できる充電器，電池，懐中電灯を送ると喜ばれる。記録用にデジタルカメラや使い捨てカメラを送るのもベスト。

【災害コーディネーター間の情報提供・共通認識事項】
❶情報を収集した日時を明記⇨被災地では刻一刻と環境が変化していきます。流した情報が，場合によっては過去のものとなっていることがあります。被災地にとって今，何が必要かを考えましょう。
❷被災地に中途半端・手間がかかる情報は流さない⇨例：「ここに依頼書を出してもらえれば支援できるかもしれない」，「支援要請を書類で出せばブックトラックを貸出してもらえそうなので要請文書を館長宛に送って！」

●災害時の災害コーディネーターの役割

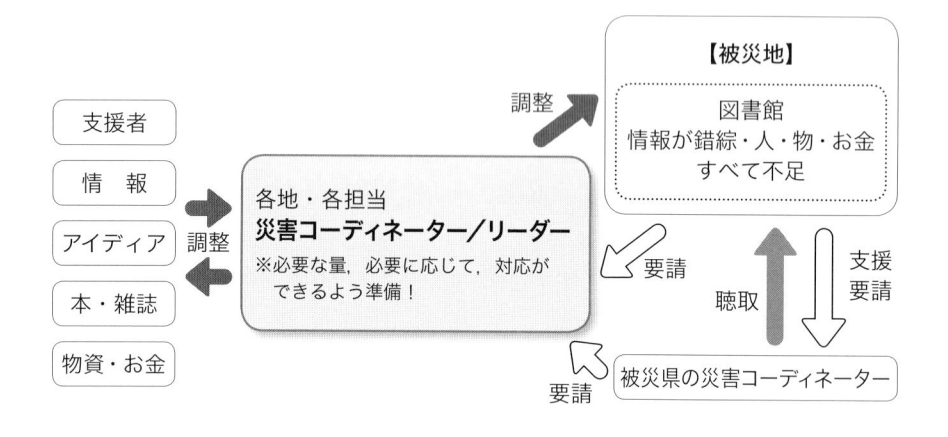

```
[支援者]
[情　報]                    各地・各担当              調整       【被災地】
[アイディア]  調整  →  災害コーディネーター/リーダー   →      図書館
[本・雑誌]              ※必要な量，必要に応じて，対応が           情報が錯綜・人・物・お金
[物資・お金]              できるよう準備！                         すべて不足
                                                      ←要請   支援要請↓
                                                      聴取
                                                      ←要請   被災県の災害コーディネーター
```

## 参考3　都市型大学の防災訓練の事例～工学院大学の場合

### １ はじめに

　工学院大学新宿キャンパスは，JR新宿駅西口から歩いて5分ほどの高層ビル群の中にあります。

　工学院大学では，平成20年度に採択された文部科学省による特色GP「いのち・つなぐ・ちから：学生連携型地域防災拠点の構築」において，学生と地域社会との連携により，キャンパスを地域防災拠点とするさまざまな取組みが実施されています。

　また，東北福祉大学，神戸学院大学とともに「防災・減災・ボランティアを中心とした社会貢献教育の展開」も実施し，防災・減災や環境およびボランティアに関する高度かつ実践的教育のための大学間連携を展開しています。

### ２ 訓練の種類

#### ❶発災対応型訓練

　発災対応型訓練とは，火災・傷病者・閉じ込めなど災害時に起こりうる被害を想定し，被害現場にいる人がその現場周辺にある防災資機材を利用して，初期消火訓練や傷病者の応急救護・搬送訓練，閉じ込め者の救出訓練などを行うものです。28階建ての新宿キャンパスでは，超高層ビル全体を訓練会場として各フロアにさまざまな被害状況（全館停電・非常灯点灯，エレベーター全館停止，各フロアに火災・傷病者・閉じ込め者発生等）をつくりだし，学生と教職員が協働して発災対応型訓練を実施しています。

#### ❷体験型訓練

　体験型訓練とは，災害に関する知識や災害時に役立つ知識を，実体験を通して学生や教職員に学んでもらう訓練です。多くの防災関係機関の方にご協力いただきながら，煙体験，地震動体験，応急救護訓練（心肺蘇生・AED），学内にある各種防災資機材の利用訓練，非常食の炊き出し訓練，初期消火訓練等を実施しています。

#### ❸災害対策本部訓練

　大規模地震災害など緊急時のさまざまな活動の中枢となるのが災害対策

本部です。この訓練では，緊急地震速報による危険回避行動後，理事長・学長を中心に災害対策本部を速やかに立ち上げ，学内の被害情報や安否情報の把握・分析，対応の指示，学生の安全確保，二次災害防止のため学内への適切な情報提供などを行います。長距離無線 LAN を利用して，災害対策本部を拠点に，新宿・八王子両キャンパスの情報共有訓練や周辺事業者などと協働した情報受発信訓練も実施しています。

❹**新宿駅西口地域本部災害情報受発信訓練**

大規模地震が発生した場合，新宿駅など駅周辺には大量の滞留者が発生します。こうした滞留者による新宿駅周辺の混乱防止を目的として，新宿キャンパス1階には新宿駅西口地域の防災活動拠点となる新宿西口現地本部を設置します。訓練では，現地本部を拠点に新宿駅周辺防災対策協議会と連携して，駅前滞留者の誘導，傷病者・災害時要援護者の受け入れ，災害情報や帰宅支援情報の収集と滞留者への情報提供などを行います。

## 3　組織・体制のポイント

上記のうち，❸災害対策本部訓練について，そのポイントを記載します。
- 事前に組織・役割が明確になっています。
- 災害対策本部の設置場所，担当が明確になっています。
- 部署別に部隊が編成されています。
  ⇨（例）通報班，初期消火班，応急救護班，避難誘導班，安全防護班等
- 部署別部隊の役割が明確になっています。
  ⇨（例）建物の階数別分担
- 夜間時の体制も明確になっています。
- 全職員にヘルメットとスタッフ用ジャンパーが配布されています。
- 各部署（各隊）に1台無線が設置されています。

## 4　2011年度の訓練（大まかな概要とポイント）

- 3.11以降の防災訓練は，避難をするのではなく，安否確認や建物等の被害状況を災害対策本部へ無線で伝えることが中心でした。
- 無線機の使用方法を事前に確認する必要があります。
  ⇨（例）携帯電話と違う，名前を名乗る，発言の終わりに「どうぞ」と言うなど。

- ⇨（例）電波が混線，対策本部に連絡するタイミング等に留意。
- 避難時，階段で1階に行く場合，奇数階・偶数階で使用する階段を分けています。
- 教室階の学生は学生証を各教室設置のICカードリーダーにかざし，そのデータを安否確認に活用します。
- 教室に待機した学生は，建築系の大学院生による地震・防災に関する講演やビデオを視聴します。その後，体験型訓練へ参加します。

## 5 図書館における訓練

- 館内の利用者人数をカウントします（安否確認，人的被害確認）。
- 建物・書架等の被害状況を確認します。
- これらを災害対策本部へ報告します。
- 消火栓，非常口の確認をします。
- 館内の利用者を指定の避難場所へ誘導します。
- 館外へ行き，閲覧机にカバン等を置いている利用者数もカウントします。

**参考文献・サイト▶**
『災害危機管理論入門：防災危機管理担当者のための基礎講座』（シリーズ災害と社会　3）
「いのち・つなぐ・ちから：工学院大学学生支援GP」工学院大学，
http://www.kogakuin.ac.jp/inc/index.html

「防災・減災・ボランティアを中心とした社会貢献教育の展開」
TKK3大学連携プロジェクト，http://www.kobegakuin.ac.jp/~tkk/

## 参考4　チェックリスト

このチェックリストは，本書編集チームが執筆する中でチェックが必要と考えた項目を収録したものです。これ以外にもみなさんの図書館でチェックが必要な項目があると思いますので，これを参考に，さらに内容を深めてください。

### 1●事前の備え

| 区分 | チェック事項 | 備考 | ✓ |
|---|---|---|---|
| 人を守るために | 館内外の危険個所確認 | 子どもや高齢者の目線で確認しているか，書庫など利用者が入らない場所も確認しているか | |
| | 館周辺の地形の把握 | 河川，傾斜地等の災害が発生しやすい場所を確認しているか | |
| | 避難場所の確認 | 複数の避難場所を館内に掲示しているか | |
| | 館内避難経路の確認 | 館内の動線を確認，経路にものを置いていないか | |
| | 自治体防災計画の理解 | 職員全員が防災計画での図書館の位置づけを理解しているか | |
| | マニュアルの確認 | 職員全員が危機管理マニュアルを理解しているか | |
| | 緊急連絡網の作成 | 職員だけでなく臨時・アルバイト・指定管理者分も作成しているか | |
| | 職員体制 | いろいろなケースを想定して，非常時の役割分担を決めているか | |
| | 緊急時の連絡先 | 緊急時に連絡する機関（役所・消防署・警察・病院等）を決めその電話番号や場所が明記されているか | |
| | 公衆電話の確認 | 導入，または図書館周辺の公衆電話の位置を把握しているか | |
| | 非常時に使用するものの確認 | 非常食や飲料，乾電池は定期的に更新しているか，ラジオ，無線機等の動作確認をしているか | |
| | 非常時に職員が身につけるもの | 腕章や防災服などが人数分用意されているか | |
| | 非常用の個人用持ち出し袋 | リスト（p.26参照）のものは用意されているか | |
| | 職員の心がけ | 日頃から地震が起きたときのことを意識しているか | |
| | 利用者への周知 | 書架やエレベーターに非常時の注意喚起を掲示しているか | |
| | 救急救命法の受講 | 救命法・AEDの操作法の講習を定期的に実施しているか | |
| | 救急箱 | 定期的に内容の確認，更新をしているか | |
| | 防災訓練の実施 | 定期的に行っているか，利用者・周辺住民も参加しているか | |
| | ハザードマップの収集・公開 | 定期的な展示や紹介を行っているか | |
| | 情報の収集・提供方法 | 非常時を想定し，情報を収集・提供する準備ができているか | |
| | 他図書館との連携 | 非常時の対応を確認しているか | |
| | 関係部署との連携 | 非常時の対応を確認しているか | |
| | 委託先との連携 | 非常時の対応を確認しているか | |
| | | | |
| | | | |

| 区分 | チェック事項 | 備考 | ✓ |
|---|---|---|---|
| 施設を守るために | 地勢 | 周辺地域の土地の様子や，過去にあった災害を把握しているか | |
| | 震度予測資料，活断層マップの活用 | 関係資料を収集し専門家の意見を求めているか | |
| | 図書館周辺の安全確認 | 危険な場所（がけ地や河川，石積みの古い塀・擁壁，傷みのあるブロック塀）を把握しているか | |
| | 建築の専門家との協議 | 建物や設備に関して専門家からアドバイスを受けているか | |
| | 図面の用意 | 専門家の求めに応じて図面（竣工図や構造図）が出せるか | |
| | 建物の耐震診断の実施 | 実施しているか | |
| | 耐震診断の結果を受けて | 耐震補強や安全対策を施しているか | |
| | 消火器の場所 | 館内の設置場所の確認ができているか | |
| | 防火扉の動作 | 扉の前に荷物等を置いていないか，定期点検を行っているか | |
| | 火災報知器 | 定期点検をしているか，業者の連絡先を掲示しているか | |
| | 消火設備の確認 | 定期点検をしているか，業者の連絡先を掲示しているか | |
| | スプリンクラーの作動確認 | 誤作動の際の停止法を理解しているか，業者の連絡先を掲示しているか | |
| | 閉館時の火の元確認 | 職員全員が対応できるか | |
| | 閉館時の施錠確認 | 職員全員が対応できるか | |
| | 書架の転倒，倒壊防止 | 床や壁に適切に固定されているか | |
| | 家具確認 | 堅牢な家具を採用しているか | |
| | 古い家具や華奢な家具 | 専門家の診断を受け対策をとっているか | |
| | 集密移動式書架 | 非常時の対応を確認しているか | |
| | PC，モニターの転倒防止 | 固定や，転倒防止ジェルを採用しているか | |
| | 事務室の事務機器 | 転倒防止や引き出しの飛び出し防止等の措置を講じているか | |
| | 展示物の落下防止 | 落下しないよう対策をとっているか | |
| | 天井の安全確認 | 落下防止策を講じているか | |
| | ガラス | 飛散防止措置を講じているか | |
| | 停電時の対策 | 必要なもの，対策はできているか | |
| | 災害時のデータ管理 | バックアップ先を複数，遠方に設けているか | |
| | 燃料の手配 | 燃料を手配する手段を決めているか | |
| | 非常用電源の確認 | 使用方法を把握しているか | |
| | 移動図書館車 | 非常時の対応を確立しているか | |
| | 貯水タンク | 用途を理解しているか | |
| | 電気室やサーバーの位置 | 非常時の対策を施しているか | |
| | 保険の加入 | 火災保険，地震保険等に加入しているか | |
| | | | |
| | | | |

V 参考資料

| 区分 | チェック事項 | 備考 | ✓ |
|---|---|---|---|
| 資料を守るために | 資料保存の責任者 | 責任者を決めているか | |
| | 資料救済計画 | 救出する方法、優先順位を決めているか | |
| | 専門家との協議 | 資料救済の専門家、機関のアドバイスを受けているか | |
| | 地域資料の複部数収集 | 複部数受け入れているか | |
| | 資料救出に役立つ道具 | 道具は揃っているか（p.69参照） | |
| | 資料の保存方法 | 自館内での保存方法、場所は適切か | |
| | 閉架書庫や地下書庫の安全対策 | 消火設備の確認や避難方法、停電時の対処法が確立しているか | |
| | 資料の避難先の確定 | 複数の候補を挙げているか | |
| | 避難させる貴重書リストの作成 | データと紙で作成し、災害時に避難させやすい配置や持ち出し容器を用意しているか | |
| | 資料のデジタル化 | 計画的に行っているか | |
| | 分散保存 | 保存先・避難先が確立しているか | |
| | データの分散保存 | 保存先・避難先が確立しているか | |
| | 逐次刊行物の欠号を補充する方法 | 補充方法を決めているか | |
| | 研修の実施 | 被災した資料の応急処置をするための研修を行っているか | |
| | 資料復旧 | 復旧を手助けしてくれる専門機関や組織との協定ができているか | |

## 2 ●地震発生直後 〜 3日後

| 区分 | チェック事項 | 備考 | ✓ |
|---|---|---|---|
| 地震直後の館内放送 | 口頭、館内放送 | ひな型を利用し、あわてずに状況を伝える | |
| 情報収集・提供 | 震源・地震の規模確認 | テレビやラジオで情報収集に努め、提供する | |
| | 館内・周辺地域 | 安全確認後は、メモやカメラで状況を記録しておく | |
| | ライフライン・交通機関情報 | テレビやラジオで情報収集に努め、提供する | |
| 対策本部設置 | 統括者・記録者・連絡員等確認 | 現場にいる者で組織する | |
| | | 緊急連絡先一覧を活用する | |
| | 関係施設へ対応協議 | 本庁舎・指定管理者館等へ対応を協議・通知する | |
| 安否確認 | 利用者・職員 | トイレ、書庫、学習室等の全室を確認する | |
| | 委託業者・ボランティア | カウンター内・清掃員控室・機械室等を確認する | |
| | その他 | 地震発生時、来館業者・来客はいたか確認する | |
| 施設・設備点検 | 電気機器 | コンセントを抜く、ブレーカーを切る | |
| | 水道 | 元栓を閉める | |
| | ガス | 元栓を閉める | |
| | 壁・床 | 亀裂・浮き上がり・崩落等がないか確認する | |

| 区分 | チェック事項 | 備考 | ✓ |
|---|---|---|---|
| 施設・設備点検 | 扉・シャッター | 動作確認（開閉するか）をする | |
| | 天井 | 異常（水漏れ，ひび割れ等）がないか確認する | |
| | 窓・網戸 | 動作確認（開閉するか）をする | |
| | 書架 | 転倒，棚板・天板の外れはないか確認する | |
| | 資料 | 落下していないか確認する | |
| 図書館システム使用不能時 | オフラインでの貸出・返却等の対応 | オフライン貸出時はひな型を利用し対応する | |
| | | 利用者にオフライン対応の旨を伝える | |
| 広報 | 運営状況 | ポスター・ホームページで周知する | |
| | 留守番電話 | 応答内容を変更（臨時休館情報など）する | |
| 予定行事 | 今後の対応，関係者への連絡 | ポスター・ホームページで周知する | |
| | | 関係者へ今後の対応を通知する | |
| 関係業者へ連絡 | 納品業者・新聞配達所等 | 今後の対応を協議・通知する | |
| 関係機関へ連絡 | 都道府県立図書館・近隣自治体図書館等 | 状況報告・協力車の運行確認・支援要請等を行う | |
| | | | |
| | | | |

## 3 ●停電時，臨時休館・サービス一部制限時

| 区分 | チェック事項 | 備考 | ✓ |
|---|---|---|---|
| 施設関係 | 臨時休館 | 変更手続き（決裁・告示）を行う | |
| | 開館時間 | 変更の必要があるか検討する | |
| | ホール・会議室・集会室 | 利用の可否を告知する | |
| | 閲覧席・視聴席・自習室 | 利用の可否を告知する | |
| | 自動ドア | 手動に切り替える | |
| | エレベーター | 閉じ込められている人がいないか確認する | |
| | 電動書庫 | 閉じ込められている人がいないか確認する | |
| | ブックポスト | 利用方法の変更（一時的にCDの返却を可とする等）を検討する | |
| | 留守番電話 | 応答内容を変更する | |
| | | | |
| | | | |
| サービス関係 | 利用登録 | 可否を検討する | |
| | 貸出 | 冊数，期間，自動貸出機などの設定変更を検討する | |
| | | オフライン貸出を行う | |
| | 延長 | 延長期間の見直しを検討する | |
| | 返却 | 延滞しても考慮する | |
| | レファレンス | 受付の可否を検討・告知する | |

| 区分 | チェック事項 | 備考 | ✓ |
|---|---|---|---|
| サービス関係 | 予約受付 | 受付の可否を検討・告知する | |
| | 予約確保本 | 取り置き期限の見直しを行う | |
| | 相互貸借資料 | 取り扱いの確認・協力車の運行確認をする | |
| | 複写サービス | 利用の可否を確認・告知する | |
| | 児童サービス | 児童室（コーナー）内の安全確認をする | |
| | 視聴覚サービス | 視聴ブースの使用の可否を検討・告知する | |
| | 障がい者サービス | 宅配サービス利用者等への対応を確認する | |
| | 行事 | 予定出演者，参加申込者へ対応を通知する | |
| | | | |
| システム関係 | 図書館システム | データの保護，バックアップの確認を行う | |
| | OPAC | 利用の可否を確認・告知する | |
| | ホームページ | サービスの変更内容を周知する | |
| | 利用者用インターネット | 利用の可否を確認・告知する | |
| | 商用データベース | 利用の可否を確認・告知する | |
| | | | |
| | | | |
| 督促関係 | 督促 | 督促日の設定変更を検討する | |
| | 貸出停止設定 | 臨時休館日に対応した設定にする | |
| | 弁償 | 被災による汚損・破損資料への対処（弁償免除も考慮）を検討する | |
| | | | |
| | | | |

# ◆参考文献

## 1．マニュアル作りや防災教育に

- 『こんなときどうするの？　図書館での危機安全管理マニュアル作成の手引き』（2004年刊の増補）日本図書館協会図書館経営委員会危機・安全管理特別検討チーム編，日本図書館協会，2005
- 『こんなときどうするの？　利用者と職員のための図書館の危機安全管理作成マニュアル』日本図書館協会図書館経営委員会危機・安全管理特別検討チーム編，日本図書館協会，2004
- 『震災から身を守る52の方法：大震災・火災・津波に備える』レスキューナウ編，目黒公郎監修，アスコム，2011
- 『きちんと逃げる。災害心理学に学ぶ危機との闘い方』広瀬弘忠著，アスペクト，2011
- 『災害のあと始末：「暮らし」を取り戻すための復興マニュアル』東日本大震災緊急改訂版，林春男監修，エクスナレッジ，2011
- 『防災・災害対応の本質がわかる』二宮洸三著，オーム社，2011
- 『4コマですぐわかるみんなの防災ハンドブック』草野かおる著，渡辺実監修，ディスカヴァー・トゥエンティワン，2011
- 『親子のための地震イツモノート：キモチの防災マニュアル』地震イツモプロジェクト編，ポプラ社，2011
- 『地震イツモノート：キモチの防災マニュアル』地震イツモプロジェクト編，ポプラ社，2010（ポプラ文庫）
- 『彼女を守る51の方法：都会で地震が起こった日』彼女を守るプロジェクト著，渡辺実監修，マイクロマガジン社，2005
- 『地震防災学：検索情報に基づいた地震防災の基礎知識』大塚久哲編著，九州大学出版会，2011
- 『わが家の防災　本当に役立つ防災グッズ体験レポート』玉木貴著，駒草出版，2005
- 『災害危機管理論入門：防災危機管理担当者のための基礎講座』吉井博明，田中淳編，弘文堂，2008（シリーズ災害と社会　3）
- 『人はなぜ逃げおくれるのか：災害の心理学』広瀬弘忠著，集英社，2004（集英社新書）
- 『災害対策マニュアル：災害からあなたを守る本』日本弁護士連合会災害復興支援委員会編，商事法務，2010
  ＊法律に基づいた災害時のQ&A事例集。
- 『地震　停電　放射能　みんなで生き抜く防災術：東日本大震災から私たちが学んだこと』小学館防災チーム編，小学館，2011
- 『危機発生！そのとき地域はどう動く：市町村と住民の役割』中邨章監修，幸田雅治編著，第一法規，2008
- 『大地震にそなえる　自分と大切な人を守る方法』渡辺実著，中経出版，2011
- 『親子のための地震安全マニュアル：家庭で備える地震対策最新情報！』インパクト編，日本出版社，2005

## 2. 人を守る

- 『震災で本当にあった泣ける話：3.11，あの日何があったのか被災地で聞いた「ひとりひとりの物語」』知的発見！探検隊編著，イースト・プレス，2011
- 『ココロの復元力！：災害時のメンタル力を高める！"揺れ"に負けないハートメンテナンス』前田京子監修，シネマファスト，2011
  * 「PART 4　ココロを落ちつかせる／緊急時役立ちアイデア」は有効。
- 『地震から子どもを守る50の方法　増補版』国崎信江著，ブロンズ新社，2011
  * メンタル面だけでなく，救助の際の二次的なケガ「クラッシュ症候群」などが紹介されている。
- 『「災害」の社会心理』関谷直也著，ベストセラーズ，2011（ワニ文庫）
  * 災害時のうわさ，流言の仕組みから報道の効果などを解説。
- 『災害がほんとうに襲った時：阪神淡路大震災50日の記録』中井久夫著，みすず書房，2011
  * こころのケアを中心に，精神科医が関与観察した震災後50日間の記録。
- 『あなたが助ける！新しい救急蘇生：AED電気ショックがいのちを救う！』心肺蘇生を広める会編著，メディカ出版，2004
- 『ノロウイルス感染対応マニュアル：あじさい荘における拡大抑止の考え方とテクニック』鳥海房枝，清水坂あじさい荘ケア研究会著，雲母書房，2008
- 『トイレが大変！：災害時にトイレ権をどう保障するか：阪神・淡路大震災と新潟県中越大震災の教訓：緊急提言　増補版』山下亨編著，近代消防社，2005
  * 災害時のトイレ対策を紹介。
- 『防災袋に必携!!　地震の時の料理ワザ：電気が復旧するまでの1週間：グラっと来てもあわてない!!』坂本廣子著，柴田書店，2009
- 『大震災発生！公的支援がくるまでの200時間を生き延びる知識と知恵』山村武彦著，小学館，2006
- 『アウトドア流防災ブック：地震・災害ノウハウと道具が家族を守る』Be-pal編集部編，小学館，2004
- 『危機発生後の72時間：いかに素早くかつ的確に対応するか』中邨章，幸田雅治編著，第一法規，2006
- 『防災・救急に役立つ日用品活用法＆ロープワーク　新版』羽田道信著，風媒社，2011
- 『大震災でネットはどう使われたか』杉本古関，吉田琢也著，洋泉社，2011

## 3. 施設を守る

- 『東日本大震災に学ぶ　第33回図書館建築研修会［テキスト］』日本図書館協会編，日本図書館協会，2012
  * 34館の被災情報，震災時に役立った図書館用品などの重要な情報が満載。
- 『図書館が危ない！地震災害編』神谷優著，西川馨監修，エルアイユー，2005
- 『災害に強い図書館にするために：事例に学ぶ災害と図書館　第27回図書館建築研修会［テ

キスト]』日本図書館協会編，日本図書館協会，2006
- 『図書館・文書館における災害対策』サリー・ブキャナン著，安江明夫監修，小林昌樹［ほか］訳，日本図書館協会，1998（シリーズ本を残す　7）
  ＊巻末に詳細な「災害対策関係文献案内」を掲載。
- 『図解　超高層ビルのしくみ：建設から解体までの全技術』鹿島編，講談社，2010（ブルーバックス B1683）
- 『これからの防災・減災がわかる本』河田惠昭著，岩波書店，2008（岩波ジュニア新書603）
- 『停電・震災に備えるPC管理術：データ／ネットワークを守る安心環境を構築せよ』橋本和則，技術評論社，2011

## 4．資料を守る

- 「文化財防災ウィール」文化財保存修復学会監修，文化庁，2004
  ＊緊急時に回転盤を必要な項目に合わせることで取るべき対応が即座にわかるグッズ。
- 『図書館・文書館の防災対策』小川雄二郎監修，雄松堂出版，1996（雄松堂ライブラリー・リサーチ・シリーズ 2）
- 『水損史料を救う：風水害からの歴史資料保全』松下正和，河野未央編，岩田書院，2009
- 『資料保存と防災対策』全国歴史資料保存利用機関連絡協議会資料保存委員会編，全国歴史資料保存利用機関連絡協議会資料保存委員会，2006
- 『IFLA図書館資料の予防的保存対策の原則』エドワード・P.アドコック編，国立国会図書館訳，木部徹監修，日本図書館協会，2003（シリーズ本を残す　9）
  ＊「9章　参考文献」「10章　関連機関」を掲載。
- 『スマトラ沖地震・津波による文書遺産の被災と復興支援　平成17年度国立国会図書館公開セミナー記録集』国立国会図書館関西館事業部図書館協力課編，日本図書館協会，2006（図書館研究シリーズ No.39）
- 『ブルーシールド：危険に瀕する文化遺産の保護のために　国際図書館連盟第68回年次大会（2002年　グラスゴー）資料保存コア活動・国立図書館分科会共催公開発表会報告集』コリン・コッホ編，国立国会図書館日本語訳，日本図書館協会，2007
- 『災害と資料保存』日本図書館協会資料保存委員会編，日本図書館協会，1997
- 『特集　阪神・淡路大震災と図書館』(『図書館年鑑1996』抜刷) 日本図書館協会図書館年鑑編集委員会編，日本図書館協会，1996
- 『保存環境を整える：厳しい気候，各種災害から資料をいかに守るか　第7回資料保存シンポジウム講演集』国立国会図書館編，日本図書館協会，1997
- 『防ぐ技術・治す技術：紙資料保存マニュアル』「防ぐ技術・治す技術：紙資料保存マニュアル」編集ワーキング・グループ編著，日本図書館協会，2005
- 『想い出の写真永久保存完全マニュアル：パソコン初心者でも簡単！無料サービスでインターネットに保存：地震，津波，火災，紛失…何が起きても，大切な子どもの「写真や絵」を守る！』戸田覚著，東洋経済新報社，2011

◆参考サイト

## 1. 震災時等の情報サイト

- saveMLAK（saveMLAK）
  ＊博物館・美術館（M），図書館（L），文書館（A），公民館（K）の被災・救援情報サイト。
  http://savemlak.jp/wiki/saveMLAK

- 震災情報　東日本大震災（Yahoo! Japan）
  ＊震災関連のトータルな情報をみることができるサイト。気象情報，原発・放射線情報，生活情報，交通情報のほか，ボランティアが宿泊可能なホテルの情報もある。
  http://info.shinsai.yahoo.co.jp/

- レスキューナウ・ドット・ネット（レスキューナウ）
  http://www.rescuenow.net/

- 地震情報（気象庁）
  ＊地震が発生するとすぐに震源，震度などが発表される。
  http://www.jma.go.jp/jp/quake/

- 全国港湾海洋波浪情報網（ナウファス，国土交通省）
  http://www.mlit.go.jp/kowan/nowphas/

- 防災情報提供センター（国土交通省）
  ＊地震，津波情報などをリアルタイムで提供。
  http://www.mlit.go.jp/saigai/bosaijoho/

- 川の防災情報（国土交通省）
  http://www.river.go.jp/

- チャンネル52〈防災〉（政府インターネットテレビ）
  http://nettv.gov-online.go.jp/prg/prg5690.html?t=52

- 日本気象協会ホームページ
  http://www.jwa.or.jp

## 2. マニュアル作りや防災教育に

- 東日本大震災復興支援ページ（国立国会図書館）
  ＊各種文献，資料・写真の救済などのリンク集が充実。
  http://www.ndl.go.jp/jp/news/support.html

- 電子書籍を活用した東日本復興支援サイト（日本図書館協会）
  ＊電子書籍（PDF）を読めるサイト。日本図書館協会が提供した『こんなときどうするの？』

『災害に強い図書館にするために』などはログインせず全文読める。
https://www.libeaid.jp/jla/

- 震災関連文献一覧（日本図書館協会東日本大震災対策委員会）
  *『図書館雑誌』（一部『図書館年鑑』含む）に掲載された震災関連の文献一覧。該当記事の電子書籍（PDF）閲覧可能。
  http://www.jla.or.jp/portals/0/html/earthquake/articles/list.html

- 図書館におけるリスクマネージメントガイドブック―トラブルや災害に備えて―（文部科学省生涯学習政策局社会教育課）
  http://www.mext.go.jp/a_menu/shougai/tosho/houkoku/1294193.htm

- 東日本大震災 津波調査(調査結果)（ウェザーニューズ）
  http://weathernews.com/ja/nc/press/2011/pdf/20110908_1.pdf

- 広域首都圏防災研究センター（群馬大学広域首都圏防災研究センター）
  *釜石市の津波防災教育の概要が紹介されている。
  http://www.ce.gunma-u.ac.jp/bousai/research02_1.html

- いのち・つなぐ・ちから：工学院大学学生支援GP（工学院大学）
  http://www.kogakuin.ac.jp/inc/index.html

- ハザードマップポータルサイト（国土交通省）
  http://disapotal.gsi.go.jp/index.html

- 消防庁防災マニュアル―震災対策啓発資料（総務省消防庁）
  http://www.fdma.go.jp/bousai_manual/index.html

- 学校の地震防災対策マニュアル(改訂版)、学校の津波対策マニュアル(暫定版)（静岡県教育委員会）
  https://www2.pref.shizuoka.jp/all/file_download2100.nsf/pages/E5AAB790B620F19C4925739F0038B6BE

- 調布市立小・中学校の震災時対応シミュレーション(第二版)（調布市教育委員会）
  http://www.city.chofu.tokyo.jp/www/contents/1319090503763/index.html

- 防災・減災・ボランティアを中心とした社会貢献教育の展開（TKK3大学連携プロジェクト）
  http://www.kobegakuin.ac.jp/~tkk/

## 3．人を守る

- 生活密着情報（総務省消防庁）
  *災害発生時に役立つ情報を多数紹介。
  http://www.fdma.go.jp/html/life/

- 救命講習（東京防災救急協会）
  http://www.teate.jp/
- とっさの手当や予防を学びたい（救急法等の講習）（日本赤十字社）
  http://www.jrc.or.jp/study/safety/index.html

## 4．心のケアを考える

- 1000時間後のあなたへ〜東日本大震災で頑張ったあなたへ〜（PDF）（公務員連絡会地方公務員部会）
  http://www.shinsugok.com/research/images/after1000hour_manual.pdf
- 自己チェック〜燃え尽き症候群の気配〜（PDF）（公務員連絡会地方公務員部会）
  http://www.shinsugok.com/research/images/burnout_check.pdf
- 被災時のこころのケア（英治出版／ピースマインド・イープ）
  http://www.eijipress.co.jp/sp/shinsai/

## 5．資料を守る

- 東日本大震災復興支援ページ（国立国会図書館）（2にも併記）
  ＊各種文献，資料・写真の救済などのリンク集が充実。
  http://www.ndl.go.jp/jp/news/support.html
- 被災資料救済リンク集（日本図書館協会資料保存委員会）
  ＊図書館・文書館関係団体，文化庁等多数の資料保存ページにリンク。
  http://www.jla.or.jp/portals/0/html/hozon/kyusai_link.html
- 大量水損被害アーカイブズの救助システムと保存処置技術（PDF）（東京文化財研究所）
  http://www.tobunken.go.jp/~hozon/rescue/file11a.pdf

## 6．記録を残す

〈東日本大震災（2011年）関連〉

- 国立国会図書館　東日本大震災アーカイブ（ひなぎく）（国立国会図書館）
  http://kn.ndl.go.jp/
- 震災記録を図書館に（東北大学附属図書館）
  http://www.library.tohoku.ac.jp/shinsaikiroku/
- 311まるごとアーカイブス（防災科学技術研究所）
  http://311archives.jp/index.php

- みちのく震録伝（東北大学防災科学研究拠点）
  http://www.dcrc.tohoku.ac.jp/archive/index.html
- 2011年東日本大震災デジタルアーカイブ（ハーバード大学エドウィン・O. ライシャワー研究所）
  http://jdarchive.org/

〈新潟県中越地震（2004年）関連〉

- 震災文庫（新潟県立図書館）
  http://www.pref-lib.niigata.niigata.jp/exec/Theme/list/26
- 文書資料室　災害アーカイブス（長岡市立中央図書館）
  http://www.lib.city.nagaoka.niigata.jp/monjo/s-archives/index.html

〈阪神・淡路大震災（1995年）関連〉

- デジタルアーカイブ　震災文庫（神戸大学附属図書館）
  ＊阪神・淡路大震災を機に震災・災害関連の写真・各種記事・情報等を集めた文庫。デジタル化された資料を多数掲載している。東日本大震災時には，被災者支援のために復興関係文献の送信提供サービスを行っていた。
  http://www.lib.kobe-u.ac.jp/eqb/
- 阪神・淡路大震災関連資料コーナー「1.17文庫」（神戸市立中央図書館）
  http://www.city.kobe.lg.jp/information/institution/institution/library/117/index.html
- あれから10年　図書館員の1.17 ―阪神・淡路大震災体験文集―（神戸市立中央図書館）
  http://www.lib.kobe-u.ac.jp/directory/eqb/book/8-454/index.html
- アーカイブ　阪神淡路大震災の記録（芦屋市立図書館）
  http://www.ashiya-city-library.jp/sisetu80.html

## あとがき

　2011年11月中ごろだったか，今回の編集チームのリーダー的役割を担っている中沢孝之さんに，日本図書館協会東日本大震災対策委員会との打ち合わせに来てもらった。その時，中沢さんに相談にのってもらいたかったことは，秋以降，各地の図書館からの相談として増えていた「図書館と地震」あるいは「図書館の危機管理」といった内容の研修講師についてであった。

　その際，『こんなときどうするの？　図書館での危機安全管理マニュアル作成の手引き』（日本図書館協会　2005年　品切れ中）の改訂版の編集・出版が話題となった。問合せの多いこの本について，協会としても改訂版を作りたいと考えていたようだが，全編の改訂となると大仕事となる。そこで，緊急出版として「地震」に特化した本を東日本大震災から1年となる2012年の3月には出版しようということで，話がまとまってしまった。その日のうちに，すぐ編集メンバー候補の名前があがり，依頼が行われた。中沢さんをはじめ，若手の図書館員たちが快く編集メンバーを引き受けてくれた。第1回目の会議が行われたのが，11月21日。以降，顔を合わせての会議は4回だけ。編集の相談は，ほとんどがメールを通して行われ，その回数は300回を超えている。あまりのテンポの良さに私たち団塊世代はついていけないスピードであった。しかし，意見をきちんと言う，きちんと聞く，きちんと直すべきところは直すといったことが，整然と行われていた。当初の予定であった携帯に便利なハンディーなサイズの本をという構想からははずれ，少々，部厚めのものになりそうだが，現場ですぐに使える本というコンセプトは貫けたと思う。

　編集に当たってより専門的な見地から，協会の施設委員会と資料保存委員会の委員に原稿に目を通していただいた結果，専門家としての的確な意見，修正などをいただき，最後の最後であったが全体的に修正をすることができた。戸張晴菜さんには素敵なイラストを寄せていただいた。また，協会事務局の内池有里さんには，超スピードで動く編集グループによく付き合っていただいた。改めてお礼を申し上げたい。

2012年4月

日本図書館協会　東日本大震災対策委員会
西村彩枝子

# 索引

## あ

「あおぞら号」 79
アマゾン 84
石巻市図書館 80
移動図書館車 38, 40, 78, 79, 80, 84, 85, 111
茨城県立図書館 78
岩見沢市立図書館 79
浦河町立図書館 30, 31
浦安市立図書館 86
AED 23, 35, 65, 66, 67, 110
液状化 50, 55, 86, 87, 88
エスカレーター 40, 58
エレベーター 40, 58, 113
応急危険度判定 68
応急処置 68, 69, 112
「男はつらいよ」 79

## か

化学工場 71
学生課 32
火災 54, 56, 70, 71
火災報知器 38, 111
火災保険 39, 111
河川の氾濫 50, 71
カビ 69
ガラス飛散防止フィルム 41, 43

館内放送 48, 112
気象庁 31, 52
帰宅困難者 34, 59, 92, 94, 104
貴重書庫 50
貴重資料 42, 43, 44, 70
キハラ 79, 84
寄付金 76
規文堂 85
救援物資 74
救急救命法 23, 65, 67, 110
共同保存図書館・多摩 81
郷土資料館 42
緊急地震速報 24, 31, 32, 48, 52, 83, 108
緊急連絡網 22, 64, 92, 110
金庫 43
空気清浄機 34, 84
草津町立図書館 96
熊本市 84
クラウド方式 39
計画停電 59, 60, 86, 87, 88, 90, 91, 92, 93, 95, 96, 97
蛍光管 25, 49, 55, 56, 70, 79, 81
気仙沼市図書館 78
欠号補充 45, 112
研修 44, 104, 112
原子力発電所 71, 72
広域避難場所 23

123

| | |
|---|---|
| 工学院大学 | 107 |
| 工学院大学図書館 | 30, 31, 91 |
| 公衆送信 | 78 |
| 公衆電話 | 26, 34, 110 |
| 公用車 | 38, 40 |
| 国際図書館連盟（IFLA） | 79 |
| 国立国会図書館 | 44, 79, 80 |
| 心のケア | 27, 64 |

## さ

| | |
|---|---|
| 災害協定 | 45, 105 |
| 災害コーディネーター | 33, 64, 104-106 |
| 災害時優先通信 | 34 |
| 災害対策本部訓練 | 107, 108 |
| 災害用伝言ダイヤル | 32, 58, 62 |
| サーバー | 32, 40, 60, 82, 89, 90, 92, 93, 111 |
| 支援物資 | 74, 75, 77 |
| 事業継続計画 | 63, 100-104 |
| 地震対応マニュアル | 11, 22 |
| 地震保険 | 39, 111 |
| 止水板 | 36, 39 |
| 地滑り | 71 |
| 自治体防災計画 | 22, 110 |
| 指定管理者 | 33, 42, 82, 94, 95, 104 |
| 指定避難場所 | 23 |
| 事務室 | 41, 111 |
| シャンティ国際ボランティア会 | 80 |
| 集密移動式書架（電動・手動） | 41, 111 |
| 竣工図 | 39, 111 |
| 松竹 | 79 |
| 消毒機 | 34, 84 |
| 消防署 | 23, 29, 110 |
| 書誌データ | 44 |
| 除染 | 72 |
| 資料救済計画 | 42, 57, 69, 112 |
| 資料救助訓練 | 44 |
| 新館建設 | 40 |
| 真空凍結乾燥法 | 69 |
| 「ジンタ号（3世）」 | 78 |
| 水損資料 | 69, 70 |
| スプリンクラー | 38, 42, 54, 56, 111 |
| saveMLAK | 74, 80, 104 |
| 総務省 | 34 |

## た

| | |
|---|---|
| 大活字図書 | 79 |
| 大活字普及協会 | 79 |
| 体験型訓練 | 107 |
| 耐震 | 18, 48 |
| 耐震改修促進法 | 18 |
| 大震災出版対策本部 | 78, 79 |
| 耐震シート | 91 |
| 耐震診断 | 18, 111 |
| 耐震補強工事 | 40, 111 |

| | | | |
|---|---|---|---|
| 立川市図書館 | 80 | 日本外交協会 | 78 |
| 立川書籍商協同組合 | 80 | 日本化学会 | 78 |
| 担架 | 23, 35 | 日本新聞協会 | 79 |
| 地域資料 | 42, 43, 44, 72, 112 | 日本図書館協会 | 78, 80, 81, 84 |
| 逐次刊行物 | 45, 112 | ── 国際交流事業委員会 | 79 |
| 筑西市立図書館 | 79 | ── 施設委員会 | 80 |
| 中性紙 | 42, 43 | ── 資料保存委員会 | 78, 79 |
| 調布市立図書館 | 88 | ── 震災復興関西ワーキンググループ | 78 |
| 貯水槽 | 40 | ── 東日本大震災対策委員会 | 78, 79, 80 |
| 貯水タンク | 40, 59, 111 | 日本ブッカー | 78, 79, 84 |
| ツイッター | 24, 28 | 日本ユニシス | 78 |

## は

| | | | |
|---|---|---|---|
| 津波 | 43, 50, 52, 53, 56, 69, 70, 82, 83, 85 | | |
| 停電 | 33, 38, 56, 57, 58, 60, 106, 111 | 博物館 | 42 |
| デジタル化 | 43, 44, 112 | ハザードマップ | 15, 32, 110 |
| 電子書籍 | 78 | 発災対応型訓練 | 107 |
| 転倒防止ジェル | 41, 111 | 発電機 | 38, 39, 40 |
| 電力不足 | 59, 60, 89 | パニック | 51, 63 |
| 凍結乾燥 | 43, 44 | ハンドマイク | 36, 48, 59 |
| 特別コレクション | 42, 44 | 東松島市図書館 | 79, 82 |
| 土砂災害 | 50, 71 | 被災証明 | 64 |
| 図書館振興財団 | 80, 84 | 被災地支援 | 74 |
| 図書落下防止装置 | 40, 82 | 美術館 | 42 |
| 都道府県立図書館 | 33, 43, 44, 45, 64, 113 | 非常用電源装置 | 58, 111 |
| 土のう | 36, 39 | 非常用持ち出し袋 | 25, 26, 66, 67, 110 |

## な

| | | | |
|---|---|---|---|
| | | 避難訓練 | 29 |
| 名取市図書館 | 79 | 避難経路 | 17, 24, 48, 110 |

| | |
|---|---|
| 避難者 | 72, 73, 97 |
| 避難所 | 15, 22, 25, 59, 64, 73, 76, 77, 82, 83, 84, 85, 86, 94 |
| ビニールシート | 43 |
| フェイスブック | 28 |
| 『福島民報』 | 79, 97 |
| 『福島民友』 | 79, 97 |
| 複製 | 43, 44, 70 |
| ブックコート | 77 |
| ふるさと納税 | 76 |
| ブルーシート | 36, 41, 68, 69 |
| 噴火 | 71 |
| 文京区立真砂中央図書館 | 94 |
| 分散保存 | 44, 112 |
| 文書館 | 42 |
| Help-Toshokan | 78, 79, 80, 81 |
| 防炎タレ壁 | 41, 54, 84, 94 |
| 防災訓練 | 27, 29, 30, 91, 96, 107-109, 110 |
| 防災計画 | 22, 30, 32, 88, 104 |
| 防災無線 | 52, 53, 58 |
| 防犯体制 | 68, 70, 71 |
| 保存箱 | 42, 43 |
| 本棚 | 30, 31, 48 |

### ま

| | |
|---|---|
| マスク | 69, 70 |
| 三島市 | 78 |
| 南三陸町 | 79 |
| 南相馬市立図書館 | 98 |
| 民具 | 42 |
| 無線機 | 36, 58, 62, 91, 108 |
| 免震 | 18, 48 |
| 文部科学省 | 79, 84 |

### や　ら

| | |
|---|---|
| 矢吹町図書館 | 79, 81 |
| 余震 | 50, 63, 68, 69, 83, 87, 92, 93, 95 |
| り災証明 | 64, 68 |
| 冷凍庫 | 69 |

◆経過報告

2011年

11月21日　第1回会議
　　　　　・顔合わせ，コンセプト・全体の構成の確認
　　　　　・ブレインストーミングにより，
　　　　　　「地震に備える」の章の内容を検討
　　　　　・スケジュール，役割分担を確認
11月22日～12月5日
　　　　　各自で課題を実行
12月8日　中沢が課題を集約
12月13日　第2回会議
　　　　　・各自の課題を反映させた内容の検討
　　　　　・次回の会議に向けた課題の設定・役割分担
12月14日～2012年1月10日
　　　　　各自会議の結果を踏まえ，情報収集

2012年

1月16日　中沢が各自の課題や情報を集約
1月23日　第3回会議
　　　　　・本編の内容を検討
　　　　　・本の体裁を確定
1月24日～31日
　　　　　各自課題や内容を確認
2月10日　中沢が課題や修正点を集約，原稿の完成
2月11日～3月1日
　　　　　各自完成した原稿を確認
3月5日　第4回会議
　　　　　・内容の検討・校正
3月6日～・会議や各委員会からの意見をもとに，中沢を
　　　　　中心に内容を検討
　　　　　・メールでの意見交換/項目の補足と調整/校正

◆メンバー

石川敬史（工学院大学図書館）
加藤孔敬（東松島市図書館）
倉持正雄（文京区立真砂中央図書館）
戸張裕介（調布市立図書館）
中沢孝之（草津町立図書館）◎

イラスト●戸張晴菜

　　　　　　　　（五十音順　2012年3月現在　◎はリーダー）

◆執筆協力

松岡　要（日本図書館協会）
宮原みゆき（浦安市立図書館）

視覚障害者その他活字のままではこの本を利用できない人のために、日本図書館協会および著者に届け出る事を条件に音声訳（録音図書）及び拡大写本、電子図書（パソコンなど利用して読む図書）の製作を認めます。但し、営利を目的とする場合は除きます。

EYE LOVE EYE

## みんなで考える図書館の地震対策
―― 減災へつなぐ

2012年5月30日　初版第1刷発行 ©
2013年4月20日　初版第2刷発行

定価：本体 1000 円（税別）

編　者 ●『みんなで考える図書館の地震対策』編集チーム

発行者 ● 社団法人　日本図書館協会
　　　　〒104-0033　東京都中央区新川1-11-14
　　　　Tel 03-3523-0811㈹　Fax 03-3523-0841

デザイン ● アール・ココ（清水良子/馬場紅子）

印刷所 ● ㈲吉田製本工房

Printed in Japan
JLA201301　　ISBN978-4-8204-1206-9
本文の用紙は中性紙を使用しています。